つまみメシ

あきれるほど
簡単でうまい

リュウジ

主婦の友社

INTRODUCTION

こんにちは、リュウジです。
2016年から「Twitter」で自分が作った料理のメモやレシピを
つぶやくようになり、それをいつの間にか81万人以上の
フォロワーさんたちが見てくれるようになりました。

そんなぼくの趣味は1に酒、2に酒、3に酒！ 酒酒酒！
母にアルコール依存症を疑われながらも、
「YouTube」では酒を飲みながら料理している姿を配信したりもしています。

飲みながら料理するってめっちゃ楽しい！
そして酒に合う料理ってめっちゃおいしい！

だからこの本を出しました。
酒好きの人にはもちろん、飲まない人やお子さんたちにも
絶対においしいと思ってもらえるものばかりです。
家飲みや晩酌だけでなく、毎日のごはん作り、
ときにはお弁当のおかずにも使ってやってください。

ぼくは料理研究家ですが、自分の料理を広めることが野望ではなく、
ぼくの料理を足がかりに日本の自炊率をアップさせたいと
本気で夢見ています。
この本を通じて1人でも多くの人が、料理のおもしろさに目覚めますように。

ハイボールを飲みながら
リュウジ

CONTENTS

003	**INTRODUCTION**	
008	**RYUJI'S BASIC 01**	料理を助けてくれるアイテムたち
010	**RYUJI'S BASIC 02**	料理をおいしく、ラクにする神道具
011	**RYUJI'S BASIC 03**	リュウジ流・自炊ルール「無駄なことは一切しません」

ぼくはこれで飲みたい！ BEST5

012	① 鶏の酔いどれ蒸し
015	② UMAI! 無水油鍋
017	③ 桃とクリームチーズのカルパッチョ
019	④ 白だし唐揚げ
020	⑤ 無限もやし炒め

PART 1 低糖質のつまみメシ

022	UMAI! 鶏胸肉の冷しゃぶ にらポンだれ
023	UMAI! 厚揚げの黒こしょうソース
024	たけのこキムチ
025	油揚げブリトー風
027	**MAYOPON RECIPE** 01：納豆大根サラダ　02：納豆腐サラダ
028	**IRIDŌFU RECIPE** 01：キムチいり豆腐　02：コンビーフいり豆腐
030	しらたきと豚のすき焼き炒め

PART 2 肉で飲む

033	【鶏】よだれ鶏 ／ アレンジ！ トマトよだれ鶏
034	鶏胸チリ
035	UMAI! バーベキューチキン
036	チキンのみそトマト煮込み
037	砂肝南蛮
038	鶏とレタスの洋風鍋

039	チキンチャップ
041	揚げない和風チキン南蛮
043	【豚】みそ角煮
044	炊飯器で作る、にんにく塩肉じゃが
046	豚の蒲焼き
047	唐辛子みそ豚
049	【牛】2種のソースで楽しむステーキ
050	UMAI! 韓国風プルコギ
051	ステーキのガーリッククリームソースがけ

| 052 | COLUMN.01 瞬速つまみ 神セブン |

梅しそクリームチーズ磯辺／のん兵衛サラダ／かにかまのカルパッチョ／
ネギトロなめろう／ピリ辛白菜しらすサラダ／はんぺんの冷やっこ／
ツナときゅうりのめんごま和え

PART 3 野菜で飲む

057	UMAI! 無水常夜蒸し
058	ほうれん草のビスマルク風
059	ブロッコリーのレンジタルタル
061	AVOCADO RECIPE
	01：アボカドナムル　02：海老のアボカドタルタル添え
	03：アボカドからしツナマヨソース
062	【 きのこを使って、"地味うまつまみ" 3展開 】
	えのきのアラビアータ／丸ごとエリンギのピクルス／なめこの卵とじ
065	SHIITAKE RECIPE
	01：しいたけのコンビーフ詰め　02：しいたけと三つ葉のバターしょうゆ炒め
066	CABBAGE RECIPE
	01：キャベタマの中華風　02：キャベツとしらすの酒蒸し
069	UMAI! 春菊のジェノバソースパスタ
070	なすのデミチーズ焼き
072	UMAI! なすのピカタ
073	なすのツナマヨミルフィーユ
074	みょうがの生ハム巻きカルパッチョ
075	チョレギブロッコリースプラウト
076	UMAI! にんじんドリア
077	オクラのオーブン焼き
079	シェパーズパイ

UMAI!

UMAI! マークがついたものは、本書撮影時の味見の際にリュウジさんが思わず「うまい！」と声に出した料理です。どれも「うまい！」には変わりありませんが、メニューを決める際の目安としてお使いいただけると幸いです。

081	ジャーマンスイートポテト
081	かぼちゃとひき肉のガリバタ炒め
082	にらチヂミ
083	パンサラダ
084	**COLUMN.02** ちょこっとアレンジ 安い酒もおいしく飲む！
	バナナのにごりサングリア／白だし熱燗

PART 4 飲みながら作る

086	【 フライパン1つでできる 】
	UMAI! さんまのアヒージョ
088	ぶりねぎま
089	れんこん海苔明太
090	春菊の中華風にんにく炒め
091	さきいかの韓国風炒め
092	**UMAI!** 明石焼き風オムレツ
095	ストラパッツァータ
095	ポーチ・ド・シャンピニオン
097	【 お手軽煮込み 】
	UMAI! 豚肉のビール煮
098	SHIOKARA RECIPE
	01：きのこと塩辛の豆乳クリーム煮　02：塩辛スンドゥブ
101	**UMAI!** 特製無添加インドカレー
102	**COLUMN.03** 缶詰で、簡単つまみメシ
	さば缶の中華風マリネ／**UMAI!** 焼き鳥缶の喜ばれるヘビロテサラダ／さばのトマトマリネ／レンジさば缶麻婆／ツナ缶のアヒージョ／さんま蒲焼き缶の七味マヨグラタン／きゅうりとさんまの蒲焼き和え

PART 5 麺でも飲む

106	焼きそばそうめん
107	BLTそば
108	【 ゆでる手間なし！電子レンジで和洋中の簡単麺 】

	和 牛釜玉うどん　洋 濃厚明太子カルボナーラ　中 担々油そば
110	**UMAI!** ビビン麺

CONTENTS

111		納豆オム焼きそば
112		鉄板ナポリタン

PART 6 シメのスープと炭水化物

115	【ごはん】	豆乳茶漬け
115		せん切りハムのTKG
116	UMAI!	酢醤油チャーハン
117	UMAI!	チキンアドボ
118	【パン】	カップスープパングラタン
121	【スープ】	塩鮭の豆乳シチュー
122		豆乳マッシュルームスープ
122		レンジブルショット
123		とんこつ風豚もやしスープ
123		卵サンラータン

[この本の使い方]

- 大さじ1は15ml、小さじ1は5ml、1カップは200mlです。
- 火かげんは特に指定のないかぎり中火です。
- 野菜類は洗う作業をすませています。
- 電子レンジの加熱時間は600Wの場合の目安です。機種や食材によって多少の差がありますので、様子を見ながらかげんしてください。
- オーブントースターの加熱時間は1000Wの場合の目安です。機種や食材によって多少の差がありますので、様子を見ながらかげんしてください。また、付属の説明書に従って、耐熱の器やボウルなどを使用してください。
- レシピ内に「柴犬色」という表現が出てきます。これは料理用語で使われる「きつね色」と同様、おいしそうな焼き色という意の表現です。

- リツイートワッペンについて

Twitterでレシピを発表した際にリツイート数が特に多かったメニューにつけました。メニューを選ぶ際の参考にしてください。
（数字は2019年7月末のものです）

※リツイートとは？　Twitter上のタイムラインに流れてきたツイートを見て「これをほかの人にも知ってほしい！」と思ったときに、引用形式で自分のアカウントから発信できる機能。この数が多ければ多いほど、より多くの人が読んで共感したという証しになる。

RYUJI'S BASIC — 01
料理を助けてくれるアイテムたち

[コンビニで買える調味料]

シェフが使うような高級な調味料も手に入る時代だけど、
ぼくはいつでも気軽に買える一般的な調味料で作っています。

❶ マヨネーズ
ドレッシングより圧倒的にマヨネーズの登場回数多し。

❷ ケチャップ
かけるだけでなく、うまみのある調味料としても活躍。

❸ めんつゆ(3倍濃縮)
濃さがよく、味の調整がしやすい3倍濃縮を愛用。

❹ 白だし
これさえあれば味が一発でキマる、ぼくの一軍調味料。

❺ しょうゆ
日本の食卓にはこれがなきゃ始まらない!

❻ 酒
料理酒ではなく、味が品よくキマる「菊正宗」推し。

❼ ポン酢
つけだれだけじゃもったいない。料理に使おうぜ。

❽ オリーブオイル
「デルモンテ」のは1滴から出せる注ぎ口が超優秀。

❾ 合わせみそ
どんな料理にも使いやすいのはやっぱり"合わせみそ"。

❿ 焼き肉のたれ
甘みの少ない「エバラ焼肉のたれ」醤油味がベスト。

⓫ タバスコ
グラタンやパスタ系の仕上げに、ぼくは必須!

⓬ レモン汁
なにかと出番があるから、しぼる手間なしが便利。

⓭ ラー油
中華風の味つけにしたいとき、これさえあれば!

⓮ 黒こしょう
断然香りのいい黒こしょうの粗びきを支持。

⓯ 塩
今、いろんな塩があるけど、手に入れやすいこれで充分。

⓰ コンソメ(顆粒)
とけやすく、素材となじみやすい顆粒タイプが◎。

⓱ うまみ調味料
登場回数多数! 仕上げに少し振るだけで味がキマる。

⓲ ごま油
香りとコクを出したい料理のときになくてはならない。

⓳ はちみつ
自然が生み出した極上のソースは、コク出しにも使える。

[その他の調味料について] 調味料は、「安い」「近場で買いやすい」ことが絶対条件。だから砂糖もスーパーやコンビニで買える白い砂糖を使っているし、油もサラダ油を使用。みりんに関しては本みりん派。豆乳は無調整のものを使っています。

[仕上げの彩りに便利なもの]

仕上げに振るねぎやごまは、"映える"見た目にするだけじゃなく、
味のアクセントにもなるので欠かせません。
でも、この仕上げアイテムだってコンビニやスーパーでちゃんと買えます。

20 きざみのり
あるとないとじゃ香りとうまみが180度違う!

21 冷凍きざみねぎ
今まで何袋消費したかわからないほど溺愛アイテム。

22 乾燥パセリ
彩りだけじゃなく、香りもプラスしてくれる名わき役。

23 いりごま
主張がある黒ごまよりどんな料理にもなじむ白ごま派。

とくに冷凍ねぎと
パセリなしでは
生きていけません

[加工品や缶詰にも お世話になります]

加工品や缶詰だって、
今はおいしいものがそろいます。
でも"まんま"食べるんじゃ
おもしろくないから、
ぼくならではのアイディアを
加えて楽しみます。

[にんにく、しょうがだけは 絶対に"生"を使用]

素材にこだわるタイプじゃありません。でも
にんにくとしょうがだけはいつもすりたてを使用。
個人的に市販のにんにくチューブと生のにんにくの
すりおろしでは、「いちご」と「いちご味」
くらい違うものだと思っているので。
しょうがもしかり。

RYUJI'S BASIC — 02 —

料理をおいしく、ラクにする
神道具

ミニフライパンとペティナイフがぼくの相棒

言うと驚かれるのですが、ぼくはほとんどの料理を直径16cmのミニフライパンとペティナイフで作ります。大きいフライパンや普通サイズの包丁もいいのですが、小さいとすぐに洗えるし、収納にも困らない。しかも小回りがきくのがいいんです。

おろし器「マイクロプレイン」

にんにくもしょうがもチーズも、こいつでするのがいちばんです！ グリップも手になじみやすく、しかも目づまりしにくいから洗うのもラク。レモンやオレンジ、ナッツのすりおろしにも使えますよ。ちょっと高いですが、買う価値はあり。

みじん切り器「ぶんぶんチョッパー」

料理に欠かせないみじん切り。かたい根菜や目にしみる玉ねぎ、手がくさくなるにんにくのみじん切りもこれなら数秒で完了。食材を入れて、ひもを数回引っぱるだけでにんじんのみじん切りも簡単にできます。電気を使わないのもエコだし、小さいので洗うのもラク。ぼくが使っているのは小さめサイズ(約450ml)。

RYUJI'S BASIC
— 03 —

リュウジ流・自炊ルール
「無駄なことは一切しません」

パスタもうどんも麺はゆでずに電子レンジでチン！

パスタは大好きなんですが、ゆでるのにたくさんの湯を沸かさなきゃならないのが面倒な日も。そんなときはレンジ調理ですませます。ゆで汁を吸い、鍋でゆでるのとはまた違ったおいしさに。うどんに関してはガチ冷凍派。ゆでずとも、レンジ調理でおいしく仕上がります。

缶詰をそのままグリルであたためたりする料理（104ページ「ツナ缶のアヒージョ」など）は、缶ごと出します。移しかえるなんてこと、しません。洗い物がふえちまいますから。缶詰も立派な器です。

缶も器

バットはめったに使わない

肉や魚に下味をつけるときは、入っていた発泡トレーをそのまま利用。バット使ったら洗い物がふえちまいますから（これ言うの2回目）。でもいいんです。だって味は変わらない。「みんな、トレーでやろうよ！」。

無駄なことせず、さっさと作ってさっさと飲もう！

ぷは〜

＼ ぼくはこれで ／
飲みたい！

BEST 5

酒が好きです。
ぼくの料理はしっかりめの味つけなので、酒によく合います。
そんな料理をツイッターで毎日あげていますが、
その中でもとくに酒に合う、お気に入りの5レシピを紹介します！

鶏の酔いどれ蒸し

材料(2人分)

鶏もも肉…1枚(300g)
にんにくの粗いみじん切り
　…2かけ分
冷凍きざみねぎ…適量
塩…小さじ1/3
酒…100ml
サラダ油…小さじ2

作り方

1. 鶏肉は一口大に切り、塩を振ってもむ。
2. フライパンに油を熱し、1の鶏肉を皮目から焼く。焼き色がついたらひっくり返してにんにくを入れ、にんにくが柴犬色になるまで焼く。
3. 酒を加えてふたをし、煮汁が半量になるまで弱火で煮る。
4. 火を止め、ねぎを散らす。

MEMO

必ず煮汁と一緒に食べてください。これを残しちゃ食べる意味なし！　そのうまみにきっと驚きます。

 1万800回の
リツイート

 4万7000人が
いいね

無水油鍋

材料(2人分)

白菜 … 1/12個(250g)
豚バラ薄切り肉 … 200g
にんにくの粗いみじん切り
　… 2かけ分
A 白だし … 大さじ1
　酒 … 大さじ3
ごま油 … 大さじ3
ポン酢または塩、
　冷凍きざみねぎ、
　いり白ごま … 各適量

作り方

1. 白菜は一口大に切る。
2. 鍋にごま油を熱し、にんにくを炒める。
3. 香りが立ってきたら、白菜、豚肉の順で鍋に広げ、まぜたAをかける。ふたをして弱火で15～20分煮る。
4. ねぎとごまを散らす。ポン酢か塩をかけて食べる。

※土鍋を使う場合は、鍋で直接にんにくを炒めず、フライパンなどで別に炒めたものを鍋に戻してください。土鍋で炒め物はNG。割れたり、ひびの原因になったりします。

MEMO

水を1滴も使っていないからこその深いうまみ。ネットでは「神鍋!」「作りすぎてポン酢がなくなる」とまで言われた鍋レシピ。よく「豚バラミルフィーユ鍋」と間違えられますが、別物です。こっちはまさに"あかんやつ"です。

このシメを食べるために、無水油鍋がある!

油が多いのでシメに雑炊は向かないんですが、中華麺がめちゃくちゃ合う。残ったスープにゆでた中華麺と塩を入れて、ねぎを散らし、お好みでラー油と白ごまを振る。むしろこの"塩油そば"が食べたくて、無水油鍋作ってる感じもあります。

過去にツイートしたレシピの中でTOP3に入る反響でした!

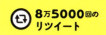
8万5000回のリツイート

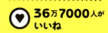
36万7000人がいいね

桃とクリームチーズのカルパッチョ

材料(2人分)

桃 … 1個
クリームチーズ … 30〜40g
塩 … 少々
オリーブオイル、
　黒こしょう … 各適量

作り方

1. 桃は皮をむいて種を除き、薄切りにする。
2. 器に並べ、クリームチーズをちぎりながら全体に散らす。
3. 塩と黒こしょうを振り、オリーブオイルをかける。

沸騰したお湯に桃を20〜30秒入れて転がし、その後、冷水に5分つけるとするりと皮がむけますよ！

MEMO

モッツァレラはおいしいけれど、**ぼく的にはやっぱり安くて手に入れやすいクリチがおすすめ**。生ハムを散らしてもいいし、これで白ワイン2本はイケます。ガチでうまいので、桃が旬の夏にガンガン作ってほしい！

017

白だし唐揚げ

材料(2人分)

鶏もも肉
　… 1枚(300g)
A しょうがのすりおろし
　　… 小1かけ分(10g)
　白だし … 大さじ3
　塩 … 小さじ1/4
　酒、みりん … 各大さじ1
片栗粉、サラダ油
　… 各適量

作り方

1 鶏肉は一口大に切る。
2 ボウルに**A**を入れてまぜ合わせ、鶏肉を加えて下味をもみ込む。そのまま常温で1時間ほどおく。
3 片栗粉をまぶす。
4 フライパンに深さ1cmほどの油を入れ、中火で1〜2分熱し、鶏肉を入れてカラリとするまで揚げる。

肉に対してつけだれはこのくらいひたひた感があれば大丈夫。肉の量を変えたときの参考に。

"家唐揚げ"サイコー!

MEMO

自分で唐揚げを揚げられるようになると、やっぱり抜群においしいから、居酒屋で頼まなくなるし、唐揚げ専門店に頼ることもなくなります。レモンと一緒にハイボールとビールも添えてください。

019

> 自分史上最高の
> もやし炒め!
> しゃきしゃき感が
> たまらない

無限もやし炒め

材料(2人分)

- もやし … 1袋(200g)
- ツナ缶 … 1缶
- にんにくの粗いみじん切り
   … 1かけ分
- ごま油 … 大さじ1
- 白だし … 大さじ2弱
- 黒こしょう … 少々

作り方

1. ツナは油をきる。
2. フライパンにごま油を熱し、にんにくを炒める。香りが立ったら、もやしとツナ、白だしを入れて強火でさっと炒める。
3. 皿に盛り、黒こしょうを振る。

MEMO

もやしは炒めすぎると水っぽくなるので、強火＋短時間で仕上げるのがおいしさのポイント。ツナのかわりにベーコンを使っても◎。

PART 1
低糖質のつまみメシ

「飲みたい……でも太りたくない……」。
多くの酒好きがかかえる悩み。
ぼくもカロリー＆糖質まみれの"悪魔メシ"で飲むのも好きですが、
「うおっ!? 太った!」というときは、
糖質オフのつまみレシピに切りかえて
酒を楽しむようにしています。
酒を控えればいいのかもしれませんが、
ぼくにとってお酒はガソリンなんで、
それは無理な話です。

高たんぱくで脂質も少ない"賢者のつまみメシ"

鶏胸肉の冷しゃぶ にらポンだれ

材料(2人分)

鶏胸肉 … 1枚(300g)
にら … 1/2束(40g)
ポン酢 … 大さじ3

作り方

1 にらはみじん切りにしてボウルに入れ、ポン酢を加えてまぜ、数分つける。
2 鶏肉は5mm厚さのそぎ切りにする。
3 熱湯で2をしゃぶしゃぶし、冷水で熱をとる。
4 器に盛り、1をかける。

MEMO

「にらは生で食ってもうまいんです。いや、むしろ生で食ってください」という提案をしたくて考えたレシピ。この"つけるだけにらポン"がこれまた万能で、豚しゃぶ・餃子・冷やっこ・冷やし中華にも使えます。

 5234回のリツイート

 2万9000人がいいね

厚揚げの黒こしょうソース

材料(2人分)

- 厚揚げ … 1枚(250g)
- **A**
  - しょうゆ、みりん、酒、水 … 各大さじ1弱
  - 砂糖 … 小さじ1/4
  - 片栗粉 … 小さじ1弱
  - うまみ調味料 … 3振り
  - 黒こしょう … 小さじ2/3
- ごま油 … 小さじ2

作り方

1. 厚揚げは縦半分に切ってから1cm幅に切る。Aはよくまぜ合わせる。
2. フライパンにごま油を熱し、厚揚げを入れて焼き色がつくまで炒める。
3. Aを加えてまぜ、とろみがつくまでサッと煮からめる。
4. 器に盛り、仕上げに黒こしょう(分量外)をたっぷり振る。

MEMO

地味なメニューなんだけど、作ったフォロワーさんたちからは大好評。仕上げの追いこしょうはもちろん、"ねぎがけ"も試してみてほしい。冷めてもおいしいのでお弁当の副菜としてもおすすめ。

PART 1 低糖質のつまみメシ

- 4999回のリツイート
- 3万人がいいね

> 早い!安い!
> 超うまい!!
> 簡単やせメシ

ガツンと濃いめの味がたまらない！

たけのこキムチ

材料(2人分)

たけのこの水煮、キムチ
　…各120g
キムチの漬け汁…少々
塩、うまみ調味料
　…各小さじ1/4
ごま油…小さじ2

作り方

1. たけのこは5mm厚さ、キムチはざく切りにする。
2. フライパンにごま油を熱し、キムチ、たけのこの順で炒める。
3. キムチの汁を入れ、塩、うまみ調味料で調味する。

MEMO

冷蔵庫で眠っているすっぱくなったキムチは、炒めて火を入れることでうまさが再生。ツナやベーコンを入れてもうまいですよ。

> わがままをかなえた
> "夢のブリトー"

PART 1 低糖質のつまみメシ

油揚げブリトー風

材料(2人分)

油揚げ … 2枚
ハム … 4枚
スライスチーズ … 2枚
塩、黒こしょう … 各適量

作り方

1 ハムとチーズはそれぞれ4等分に切る。
2 油揚げは半分に切り、切り口に指を入れて開く。
3 油揚げ1切れにつき、1の切ったハム1枚分とチーズ1/2枚分ずつを入れる。塩、こしょうを振り、ラップをかけずに電子レンジで2分30秒加熱する。

MEMO

ぼく、コンビニのブリトーが好きなんです。でも「あ〜、ブリトー食いたいなぁ！ でも糖質が気になるなぁ」というときにはこれ。ちなみに太ってもいいという人はケチャップをかけてもうまいです。

バリエ無限大!

納豆マヨポンは最強のドレッシング!

MAYOPON RECIPE : 01

納豆大根サラダ

材料(2人分)

大根 … 3.5cm(180g)
納豆 … 1パック
付属のたれ、からし … 各1袋
マヨネーズ … 大さじ1と1/2
冷凍きざみねぎ、ポン酢
　… 各適量

作り方

1. 大根はせん切りにする。
2. 納豆にたれ、からし、マヨネーズ、ポン酢を加え、よくまぜ合わせる。
3. ボウルに**1**、**2**を入れてよくまぜ合わせ、器に盛り、ねぎを散らす。

MAYOPON RECIPE : 02

納豆腐サラダ

材料(2人分)

納豆 … 1パック
絹ごし豆腐 … 1丁(150g)
レタス … 1〜2枚
付属のたれ、からし … 各1袋
マヨネーズ … 大さじ1と1/2
ポン酢 … 適量

作り方

1. レタスはちぎり、器に敷く。豆腐をスプーンですくってのせる。
2. 納豆にたれ、からし、マヨネーズ、ポン酢を加え、よくまぜ合わせて**1**にかける。

| MEMO |

ぼくのレシピの中でも最強の"納豆マヨポン"。**何が最強って、どんな料理にも合うから逆に合わないものがあったら教えてほしい。**市販のカットサラダに合わせてもいいし、きゅうりや白菜と和えたってうまい。糖質オフにはならないけど、餃子にかけてラー油をたらりなんていうのも、**現世にいながら天国に行けます。**

PART 1 低糖質のつまみメシ

永遠に飲める

つまみにもごはんにも、弁当にも使える、いり豆腐

IRIDŌFU RECIPE : 01

キムチいり豆腐

材料(2人分)

木綿豆腐(水きりする)
　… 1丁(300g)
キムチ … 200g
ベーコン … 50g
白だし、ごま油
　… 各大さじ1

作り方

1 ベーコンは拍子木切りにする。キムチはざく切りにする。
2 フライパンにごま油を熱してベーコンを炒め、カリカリになったら豆腐を加える。強火にして豆腐をくずしながら炒める。
3 水分がとんだらキムチを加えてさらに炒める。
4 白だしを加え、さっとまぜる。

IRIDŌFU RECIPE : 02

コンビーフいり豆腐

材料(2人分)

木綿豆腐(水きりする)
　… 1丁(300g)
コンビーフ … 1缶
玉ねぎの薄切り
　… 1/4個分(50g)
白だし … 大さじ1
黒こしょう … 少々
サラダ油 … 小さじ2

作り方

1 フライパンに油を熱して玉ねぎと豆腐を入れ、豆腐をくずしながら強火で炒める。
2 水分がとんだらコンビーフをくずしながら加え、全体がなじんだら、白だしを加えてまぜる。
3 皿に盛り、黒こしょうを振る。

MEMO

うまいいり豆腐のコツは、「木綿豆腐を使うこと」がまず1つと、「豆腐でチャーハンを作るつもり」ぐらいの勢いの強火でしっかりと水分がとぶまで根気よく炒めること。これさえ守れば絶対にうまくできます。

フライパンに材料を入れて火にかけるだけ

しらたきと豚のすき焼き炒め

材料 (2人分)

豚バラ薄切り肉 … 100g
しらたき … 1袋(200g)
長ねぎの斜め切り
　… 1/2本分
とき卵 … 1個分
砂糖 … 小さじ2と1/2
めんつゆ … 大さじ2と1/2

作り方

1. しらたきはぬるま湯でよく洗ってくさみをとり、食べやすい長さに切る。豚肉は半分に切る。
2. フライパンにめんつゆと砂糖を入れて軽くまぜ、1と長ねぎを加える。
3. ふたをして火にかけ、ときどきまぜながら、肉に火が通るまで煮る。とき卵をつけて食べる。

MEMO

「すき焼き食べたいけど牛肉高いし……」なんてときに作ってほしい。しらたきでかさ増ししているから、大食いの男でも満足します。砂糖が気になる人は低糖質の甘味料「ラカント」などにかえてください。

PART

肉で飲む

肉と酒。
背徳感さえ感じるこの組み合わせから
のがれることはできまい……。
しっかり濃いめに味つけした肉料理は、
酒もごはんも止まらない、止められない!
フォロワーさんに大人気の
「鶏胸チリ」や「揚げない和風チキン南蛮」も
紹介しています。

鶏 CHICKEN

肉の中でもいちばん好きなのが鶏肉です。
淡泊そうに見えて、実はしっかりうまみがあるから
煮ても焼いても揚げてもうまい！
安くてコスパのいい胸肉も調理の仕方しだいで、
もも肉に負けないおいしさに。

町中華のあの味を
電子レンジで再現

🔁 **1625回の**
リツイート

❤️ **9033人が**
いいね

よだれ鶏

材料(2人分)

鶏胸肉(常温に戻す)
　… 1枚(300g)
もやし … 150g
塩、砂糖 … 各小さじ1/2
いり白ごま、冷凍きざみ
　ねぎ … 各適量
A しょうゆ … 大さじ2
　酢、砂糖 … 各大さじ1
　うまみ調味料 … 2振り
　ラー油 … 小さじ2
　にんにくのすりおろし
　　… 1かけ分

作り方

1. 鶏肉はフォークでまんべんなく穴をあけ、塩と砂糖をすり込む。耐熱容器に入れてふんわりとラップをかけ、電子レンジで3分20秒加熱する。そのまま5分ほど庫内において余熱で火を通す。
2. とり出して、蒸し汁大さじ1/2をとり分ける。
3. 別の耐熱容器にもやしを入れ、ふんわりとラップをかけ、2分30秒加熱する。水けをきる。
4. ボウルなどに**A**と**2**の蒸し汁を入れ、よくまぜ合わせる。
5. 器に**3**を広げ、**2**の鶏肉を切って盛り、**4**をかけ、ごまとねぎを散らす。あれば花椒(ホワジャオ)を振る。

| MEMO

できたてでも、冷やして食べてもおいしい。**時間がたっても肉はしっとりのまま。**そしてこのソースが絶品なんです!

アレンジ

トマトよだれ鶏

鶏とトマトと
ごま油が生み出す
最高のハーモニー

材料(2人分)

鶏胸肉(常温に戻す) … 1枚(300g)
トマトの角切り … 1個分(150g)
「ウェイパー」 … 小さじ1
塩、黒こしょう、冷凍きざみねぎ、
　ラー油 … 各適量
ごま油 … 大さじ1

作り方

1. 鶏肉はフォークでまんべんなく穴をあけ、塩とこしょうをすり込む。
2. 耐熱容器にトマト、**1**の順に重ねて入れ、ごま油とウェイパーを加える。ふんわりとラップをかけ、電子レンジで7分加熱する。そのまま5分ほど庫内において余熱で火を通す。
3. 鶏肉を切って器に盛り、残ったソースをかけ、ねぎを散らしてラー油をかける。

鶏胸チリ

材料(2人分)

鶏胸肉 … 1枚(300g)
　塩、こしょう、片栗粉
　　… 各適量
にんにくのみじん切り
　… 1かけ分
長ねぎのみじん切り … 1/3本分
A　ケチャップ … 大さじ3
　「ウェイパー」 … 小さじ2/3
　一味唐辛子 … 小さじ1/2
　酒 … 小さじ2
　水 … 100ml
とろみづけ用片栗粉
　… 小さじ1
サラダ油 … 適量

作り方

1　鶏肉は薄切りにし、塩、こしょうをして片栗粉をまぶす。
2　フライパンに多めの油を熱し、1を入れて全体に焼き色がつくまで焼く。一度とり出す。
3　2のフライパンに油大さじ1を足して熱し、にんにくを炒める。香りが立ってきたら、Aを加えてまぜる。沸騰したら片栗粉小さじ1を倍量の水でといて加え、とろみをつける。
4　2を戻して長ねぎを加え、全体をからめ合わせる。

MEMO

"どこに出しても恥ずかしくないほどうまい仕上がり"です。ツイッターでも大人気に。お弁当にも◎です。

🔁 7490回の
　　リツイート

♡ 4万人が
　　いいね

もはや
えびより安くて
うまいかも……!?

トースターで
じっくり焼くから
うまみが凝縮

バーベキューチキン

材料(2人分)

鶏もも肉 … 1枚(300g)
A ケチャップ … 大さじ1
　しょうゆ、ウスターソース、
　　はちみつ … 各小さじ2
　酒 … 小さじ1
　レモン汁 … 小さじ2/3
　タバスコ … 3滴

作り方

1 ボウルにAを入れ、よくまぜ合わせる。鶏肉を加えて20分ほどつける。

2 オーブントースターのトレーにクッキングシートを敷いて1をのせる(残ったつけだれはとっておく)。肉に火が通るまで表裏10分ずつ焼いてとり出す(シートに残った肉汁もとっておく)。

3 2でとっておいたつけだれと肉汁をフライパンに合わせて煮詰める。

4 肉を食べやすく切って器に盛り、3をかける。

MEMO
バーベキュー大国であるアメリカの人たちに「アメージング!」「作り方を教えてくれ!」と言われたレシピ。そのくらいうまいです。

チキンのみそトマト煮込み

材料(2〜3人分)

- 鶏もも肉 … 1枚(300g)
- トマト缶(ホール)
  … 1/2缶(200g)
- 玉ねぎの薄切り
  … 1/4個分(50g)
- にんにくのみじん切り
  … 2かけ分
- 塩、こしょう、乾燥パセリ
  … 各適量
- オリーブオイル … 大さじ2
- **A** みそ … 小さじ2
  - 砂糖 … 小さじ1
  - コンソメ(顆粒) … 小さじ1

作り方

1. 鶏肉は8等分に切り、塩、こしょうを振る。
2. フライパンにオリーブオイル大さじ1を熱し、鶏肉を入れて全体に焼き色がつくまで焼く。にんにくを加え、香りが立つまで炒める。
3. 玉ねぎを加えてさらに炒め、しんなりしてきたらトマト缶とAを加え、トマトをつぶしながらとろみがつくまでときどきまぜながら15分ほど煮る。
4. 器に盛り、オリーブオイル大さじ1を回しかけ、パセリを振る。

MEMO

みそとトマトは好相性。みそだけだともったりとした味つけになっちゃいますが、**トマトを入れることでさっぱりと食べやすく!**

一人でかかえて食べてしまう勢いです

> 酒飲み必見！
> 地味ですが、
> 恐ろしくうまいです

砂肝南蛮

材料（1〜2人分）

砂肝 … 200g
A しょうがのせん切り
　（細め）… 10g
　しょうゆ … 大さじ2
　酢 … 大さじ1
　砂糖 … 小さじ2
　うまみ調味料 … 2振り
　ごま油 … 小さじ1と1/2
片栗粉 … 小さじ2強
塩、こしょう … 各少々
サラダ油 … 大さじ1

作り方

1. 砂肝は小さめの一口大に切って塩、こしょうを振り、片栗粉をまぶす。
2. フライパンに油を熱し、1を炒める。
3. 砂肝に火が通ったらAを加えてからめ、とろみがついたら火を止める。器に盛り、あれば赤唐辛子の小口切りをのせる。

MEMO

間違いなく酒に合います。**七味をかけるとさらにアップグレード**。これをつまみにビールとハイボールをがぶ飲みしてください。

家飲みのときに大好評だったレシピ

鶏とレタスの洋風鍋

材料（1〜2人分）

鶏もも肉 … 180g
レタス … 1/2個(250g)
A にんにくの薄切り
　　… 2かけ分
　赤唐辛子の小口切り
　　… 1本分
　コンソメ(顆粒) … 小さじ2
　オリーブオイル … 大さじ2
　水 … 180ml
しょうゆ … 適量

作り方

1. 鶏肉は薄切りにする。レタスは一口大にちぎる。
2. 鍋に1とAを入れ、ふたをして弱火で15分ほど煮る。しょうゆをかけながら食べる。

MEMO

そのままだとやや薄味ですが、しょうゆをかけると**味が化けます**。お好みでレモン汁を少量たらしても。

チキンチャップ

PART 2 肉で飲む〈鶏〉

材料(2人分)

- 鶏もも肉 … 1枚(300g)
- ケチャップ … 大さじ3
- バター … 10g
- タバスコ … 4〜5振り
- 塩、こしょう、サラダ油 … 各少々

作り方

1. 鶏肉は一口大に切り、やや強めに塩、こしょうを振る。
2. フライパンに油を熱し、1を皮目から入れ、両面焼く。
3. 焼き色がついたらフライパンの油をキッチンペーパーなどで吸いとり、バターを加える。
4. バターがとけたらケチャップを加えてさっとまぜ、タバスコを振り、よく炒める。

> **MEMO**
>
> ケチャップもタバスコも**よーく炒めることで酸味と辛みがとび、コクのあるソースに**。タバスコを抜けば、お子さんもおいしく食べられますよ。お弁当にもどうぞ。

鶏肉は調味料だけでここまでうまくなるのか

"漬け物タルタル"と
ポン酢を使った
甘酢がキメ手

揚げない和風チキン南蛮

材料(2人分)

鶏もも肉(常温に戻す)
　… 1枚(300g)
ゆで卵 … 1個
マヨネーズ … 大さじ2と1/2
ケチャップ … 小さじ1
漬け物(今回はしば漬けを使用)
　… 15g
ポン酢 … 大さじ2
砂糖 … 大さじ1/2
片栗粉 … 適量
塩、こしょう … 各適量
サラダ油 … 大さじ1

作り方

1. 漬け物タルタルを作る。ゆで卵は角切り、漬け物はみじん切りにしてボウルに入れ、塩、こしょう、マヨネーズ、ケチャップを入れ、よくまぜ合わせる。
2. 鶏肉に塩、こしょうを振って、片栗粉を薄くまぶす。
3. フライパンに油を熱し、**2**の鶏肉を皮目から入れてふたをし、弱火で火が通るまで10分ほど焼く。食べやすい大きさに切って皿に盛る。
4. **3**のフライパンにポン酢と砂糖を入れて火にかける。とろみがついたら**3**にかけ、さらに**1**をかける。

※火の通りが不安なときは、肉の中心にフォークを数秒刺し、それを唇に当ててみて熱ければ火が通っている証拠。冷たければ再度加熱して様子を見てください。

タルタルソースの漬け物はしば漬けのほか、きゅうりのしょうゆ漬けや紅しょうがでもおいしくできます。

| MEMO |

鶏肉は一口大に切ってから焼いてもOK。火の通りが早くなり、時短になります。

豚 PORK

豚はほかの肉に比べて、甘みある脂がダントツにうまい。
だからぼくは豚に関しては、脂の多いバラを使うことが多いんです。
そして甘じょっぱい味つけ……
カロリーのことは忘れてください！

> 口の中でとろける
> やわらかさ

みそ角煮

材料(4人分)

豚バラかたまり肉 … 700g
しょうがのせん切り
　… 25g
A　水 … 600ml
　しょうゆ、砂糖
　　… 各大さじ3
　みりん … 大さじ2
　白だし … 大さじ1
みそ … 大さじ1と1/2
ゆで卵 … 2～3個

作り方

1. 豚肉は大きめの一口大に切る。
2. 鍋にAを入れて火にかけ、沸騰したら1としょうが、ゆで卵を入れ、ふたをする。ときどき様子を見ながら弱火で1時間30分煮込む。
3. みそをとかし、味がなじむまで煮る。

ある程度の深さがあれば、フライパンでもうまい角煮が作れます。鍋より洗うのが簡単。

MEMO

煮込み時間は長いですが、そこが**"箸で切れるやわらかさ"に仕上がるポイント**。煮詰まってきたら、水を足して調整を。

炊飯器で作る、にんにく塩肉じゃが

材料(3~4人分)

豚こまぎれ肉 … 200g
じゃがいも … 3個(300g)
長ねぎの斜め切り
　… 1本分
たたいたにんにく … 2かけ分
A 「ウェイパー」… 小さじ1と1/2
　水 … 300ml
　酒 … 大さじ2
　塩 … 少々
黒こしょう … 少々

作り方

1. 豚肉は食べやすく切り、じゃがいもは一口大に切る。
2. 炊飯器の内釜に、じゃがいも、豚肉、長ねぎ、にんにく、Aの順に入れて普通に炊く。
3. 炊き上がったら全体を軽くまぜて器に盛り、黒こしょうを振る。

2

内釜には、火の通りにくいじゃがいもをいちばん下へ。豚肉はなるべく重ならないように広げて。

MEMO

切ってぶち込んでスイッチ入れるだけで完成! **料理が苦手でも炊飯器先生が**なんとかしてくれます。おかずにもつまみにも使えます。

豚の蒲焼き

材料（作りやすい分量）

豚バラかたまり肉
　… 1本（400g）
A しょうゆ … 大さじ3
　みりん、酒 … 各小さじ2
　砂糖 … 小さじ4
　うまみ調味料 … 3振り
粉山椒 … 適量

作り方

1. 鍋にたっぷりの湯を沸かし、豚肉を入れ、ふたをする。ときどき様子を見ながら弱火で1時間30分煮て、湯から引き上げ、厚みを3等分にする。
2. 小鍋に**A**を入れ、弱火にかけてとろみがつくまで煮る。
3. **1**に**2**をハケで塗りながら、魚焼きグリルの中火～弱火で、焦げないように両面焼く。器に盛り、山椒を振る。

1
3等分だとかなり肉厚に仕上がります。好みで薄切りにしても。

MEMO

うなぎ食いたいけど高いなあ、と思って考案したレシピ。豚をゆでた汁は「ウェイパー」をといて、とき卵を流せば、しみじみうまい中華スープに。

絶滅寸前のうなぎ、もう食わなくてもいんじゃね？

1万8000回のリツイート

6万8000人がいいね

> ビビるほど甘い、みそソースがクセになる

唐辛子みそ豚

材料(2~3人分)

豚バラかたまり肉 … 300g
塩、こしょう … 各少々
A 赤唐辛子の小口切り … 小さじ1
　みそ、砂糖 … 各大さじ2と1/2
　酒 … 大さじ2
　みりん … 大さじ1
　うまみ調味料 … 3振り

作り方

1. 豚肉は1cm厚さに切り、塩、こしょうを振る。フライパンにサラダ油少々(分量外)を熱して豚肉を入れ、両面をカリッとするまで焼く。
2. 小鍋にAを入れ、ときどきまぜながら、とろみがつくまで弱火で煮る。
3. 器に1を盛り、2をかける。

MEMO

味見のとき、みそソースの甘さに驚くはず。でもこれがカリカリに焼いた豚バラに合わせると**なぜか最高にうまい！**　ごはんがすすみすぎて危険です。

（ 牛 BEEF ）

「肉、食った！」という気になるのは、やっぱり牛肉。
ごちそう感を演出できるし、みんなに作ると歓声が上がります。
しっかりとした味わいと歯ごたえは、ごはんや酒はもちろん、
パンにも合うのがいいところ。

お店で食べるような
激ウマソース！

2種のソースで楽しむステーキ

輸入肉で充分うまい!

材料(2人分)

牛肩ロース肉(ステーキ用)
　(常温に戻す)…150g
バター…5g
塩、こしょう…各少々
A ヨーグルト…大さじ2
　マヨネーズ…大さじ1
　にんにくのすりおろし
　　…1/2かけ分
　塩、うまみ調味料…各少々
B しょうゆ、みりん、酒
　　…各大さじ1
　砂糖、うまみ調味料
　　…各少々
乾燥パセリ…適量

作り方

1 牛肉に塩、こしょうを振ってしばらくおく。
2 ボウルにAを入れ、よくまぜ合わせる。ヨーグルトソースの完成。
3 フライパンにバターをとかし、1を好みの焼きかげんに両面焼く。とり出して食べやすく切る。
4 3のフライパンにBを加え、火にかける。とろりとするまで煮詰める。しょうゆソースの完成。
5 器に4を広げて3をのせ、2をかける。パセリを振る。

面倒でもここは生のにんにくを使ってください。

| MEMO |

しょうゆベースとヨーグルトベース。好みでからめながら赤ワインをどうぞ。**ヨーグルトソースは、市販のローストビーフにもよく合います。**

PART 2 肉で飲む《牛》

韓国風プルコギ

材料(2人分)

- 牛薄切り肉 … 200g
- 玉ねぎ … 1/2個(100g)
- **A** しょうゆ、酒、砂糖
   　　… 各大さじ1
   　みそ … 小さじ1
   　ごま油 … 小さじ2
   　一味唐辛子 … 小さじ1/2
   　うまみ調味料 … 3振り
- 糸唐辛子、冷凍きざみねぎ、
   いり白ごま、ラー油、サラダ油
   … 各適量

作り方

1. 牛肉は食べやすい長さに切る。玉ねぎは繊維を断つ方向で5mm厚さに切る。
2. 肉の入っていたトレーに**1**と**A**を入れ、よくもむ。
3. フライパンに油を熱し、**2**を炒める。
4. 器に盛り、ねぎ、ごまを散らし、ラー油をかける。糸唐辛子をのせる。

下味つけには、肉のトレーを利用。バットやボウルを使う必要なし。

| MEMO

コチュジャンないけど、なんとかしてプルコギを作りたくて編み出したレシピ。**肉とみそ、ごま油、一味があれば作れます。**

コチュジャンなしで作れるお手軽さ

にんにくの
いいとこどり

ステーキのガーリッククリームソースがけ

材料(1人分)

牛肩ロース肉(ステーキ用)
　(常温に戻す)… 150g
つぶしたにんにく … 1玉分
牛乳 … 200ml
コンソメ(顆粒) … 小さじ1/2
バター … 10g
塩、こしょう、黒こしょう
　… 各適量

作り方

1. 牛肉に塩、こしょうを振ってしばらくおく。
2. 小鍋ににんにく、牛乳、コンソメ、塩を入れ、弱火でコトコト煮る。とろみがついたら火を止め、マッシャーなどでにんにくをつぶす。
3. フライパンにバターをとかし、**1**を好みの焼きかげんに両面焼く。器に盛って**2**を適量かけ、黒こしょうを振る。

| MEMO |

「においが気になる」という人、ご安心を。**牛乳で煮るのでにおいは軽減。**ほっくほくのにんにくソースが、牛肉によく合います。

マッシャーは100円ショップのものを愛用中。

COLUMN.01

瞬速つまみ 神セブン

飲んでいるときに面倒な料理は作りたくない！
そんなときに役立つ、火もほとんど使わない7つのつまみを紹介。
「何か1品足りない」というときにも役立ててほしい。

1

梅嫌いのぼくが太鼓判！
梅しそクリームチーズ磯辺

作り方

焼きのり1枚は4等分に切る。1枚に大葉1枚→クリームチーズ1個(18g)→梅肉適量をのせる。これを4個作る。

2

作り方

ちぎったレタス1/2個分(165g)を皿に広げ、その上にトマトの薄切り1個分をのせる。真ん中にマヨネーズ大さじ2をのせる。フライパンにサラダ油少々を熱し、いかの塩辛35gを炒め、マヨネーズの上にのせる。

これさえあれば酒がガンガン飲める
のん兵衛サラダ

かにかま
セレブリティ仕様
かにかまの
カルパッチョ

作り方

かにかま50gを軽くほぐし、皿に並べる。オリーブオイル小さじ2、レモン汁小さじ1/3をかけ、塩、黒こしょう各少々を振り、乾燥パセリを散らす。

酢をかけるのが
千葉房総流の食べ方
ネギトロなめろう

作り方

まぐろのたたき100g、長ねぎのみじん切り1/4本分(30g)、しょうがのみじん切り5g分、みそ小さじ2をよくまぜ合わせる。器に盛り、酢をかけて食べる。

うますぎて味見し
だしたら止まらない！
ピリ辛白菜
しらすサラダ

作り方

白菜のせん切り1/8個分(300g)は塩小さじ1/2でもんで数分おく。水けをよくしぼり、しらす干し20g、ごま油小さじ2、うまみ調味料7振り、塩ふたつまみとまぜ、ラー油適量をかける。

COLUMN.01

6

家に帰ってから
1分で飲みたい人へ

**はんぺんの
冷やっこ**

作り方

はんぺん1枚(110g)は9等分にして皿に盛り、かつお節・冷凍きざみねぎ各適量を散らす。めんつゆをかけ、わさびを添える。

7

作りおき可能。
冷蔵庫で冷やしても美味

**ツナときゅうりの
めんごま和え**

作り方

きゅうり2本は薄い輪切りにし、塩2つまみを加えてもみ、数分おく。水けをよくしぼり、油をきったツナ缶1/2缶(35g)とめんつゆ小さじ2、ごま油小さじ1と1/2を加えてよくまぜる。器に盛り、いり白ごま少々を散らす。

PART

野菜で飲む

「肉で飲む!」にくらべて、「野菜で飲む」のなんと
罪悪感が減ることよ……!
でも実はぼく、野菜が嫌いなんです。
とくにほくほく系のかぼちゃ＆さつまいも、
甘さを感じるにんじんなんて
一生食わなくてもいいと思っているくらい。
でも、ここに載せたのはそんなぼくでも食べられる野菜レシピだから、
絶対においしい!
野菜嫌いたちよ、こっちにおいで。

PART 3 野菜で飲む

無水常夜蒸し

材料(2人分)

ほうれん草 … 1束(200g)
豚肉(バラ薄切りや
　こまぎれでOK) … 160g
A 酒 … 大さじ5
　白だし … 大さじ1
いり白ごま、塩、ポン酢
　… 各適量

作り方

1. ほうれん草は根元を切り落とし、ざく切りにする。豚肉は食べやすい大きさに切る。
2. 小さめの鍋に**1**と**A**を入れてふたをし、弱火で15分蒸し煮にする。ごまを散らし、塩かポン酢をかけて食べる。

火にかける前、ふたが閉まらなくても大丈夫。火が通るうちにかさが減ります。

MEMO

普通の常夜鍋は水と昆布がベースの鍋つゆですが、豚肉とほうれん草のうまみを最大限に生かしたかったから、**水は1滴も使わず**。で、作ってみたら案の定、うまみのかたまり。七味をかけてもイケます。

朝ごはんにも使える、つまメシ

ほうれん草のビスマルク風

材料(2人分)

ほうれん草 … 1束(200g)
生ハム … 30g
温泉卵(市販) … 1個
オリーブオイル … 小さじ2
コンソメ(顆粒) … 小さじ1/2
粉チーズ、黒こしょう
　… 各少々

作り方

1. ほうれん草はよく洗い、水けを切ったら根元を切り落として食べやすく切る。
2. フライパンにオリーブオイルを熱し、1とコンソメを入れてよく炒める。
3. 皿に盛り、温泉卵と生ハムをのせ、粉チーズと黒こしょうを振る。

MEMO

温泉卵は電子レンジでも作れます。深さのある耐熱容器に卵1個を割り入れ、水大さじ4を入れ、黄身につまようじなどで穴をあける。ラップをかけずに50秒加熱。水を捨ててしばらくおけばでき上がり。

ブロッコリーのレンジタルタル

材料（2人分）

ゆでたブロッコリー
　…1個分
とき卵 … 2個分
マヨネーズ … 大さじ2と1/2
ケチャップ … 小さじ1
塩、こしょう、黒こしょう
　… 各適量

作り方

1. 耐熱容器にとき卵と塩を入れ、4回ほどとく。ふんわりとラップをして電子レンジで1分50秒加熱し、とり出して箸でこまかくくずす。あら熱がとれたらマヨネーズ、ケチャップ、塩、こしょうを加えてよくまぜる。
2. ブロッコリーを器に盛り、1をかけて黒こしょうを振る。

MEMO

タルタルは本来ゆで卵を使いますが、ぼくは卵の殻をむく作業が嫌いなので**電子レンジ調理で殻むきをなかったことに**。でもおいしさは変わらない。パンにはさんでもうまいです。

レンジでほどよく固まった卵をほぐせばOK。

PART 3 野菜で飲む

殻むきが面倒なゆで卵は使わない！

いつ作っても大好評!

控えめに言っても「最高!」のアボカドお通し的つまみ

> 超絶簡単なのに、マジ尊いうまさ

> このソース、焼いた肉や野菜にかけても

> これぞ、白ワイン泥棒

| MEMO |
アボカドってそのまま食べても、焼いてもマジおいしくて、禁断の果実。アダムとイブが食べたのはアボカドだったのでは?

AVOCADO RECIPE : 01

アボカドナムル

材料(1〜2人分)

アボカド … 1/2個
塩 … 適量
うまみ調味料 … 3振り
ごま油 … 大さじ1/2
きざみのり … 適量

作り方

1 アボカドは1cm厚さに切って器に盛る。

2 塩、うまみ調味料を振り、ごま油をかける。きざみのりを散らす。

AVOCADO RECIPE : 02

海老のアボカドタルタル添え

材料(1〜2人分)

アボカド … 1/2個
むきえび … 大8尾
とき卵 … 1個分
マヨネーズ … 大さじ1
塩、こしょう、黒こしょう
　　… 各適量

作り方

1 耐熱容器にとき卵と塩を入れ、4回ほどとく。ふんわりとラップをして電子レンジで1分50秒加熱し、とり出してフォークでこまかくくずす。

2 ボウルに1を入れ、スプーンで一口大にすくったアボカドを加える。マヨネーズ、多めの塩とこしょうを加え、アボカドと卵をつぶすようにまぜる。

3 フライパンにサラダ油少々(分量外)を熱し、えびを炒める。塩、こしょうで調味する。

4 皿に3を盛り、2をのせて黒こしょうを振る。

AVOCADO RECIPE : 03

アボカドからしツナマヨソース

材料(1〜2人分)

アボカド … 1個
A ツナ缶(油をきる) … 1/2缶
　 マヨネーズ … 大さじ2
　 コンソメ(顆粒) … 小さじ1/3
　 からし … 小さじ1弱
黒こしょう … 少々

作り方

1 アボカドは1cm厚さに切って器に盛る。

2 ボウルにAを入れ、よくまぜ合わせる。

3 1に2をかけ、黒こしょうを振る。

きのこを使って、"地味うまつまみ"3展開

奥深い うまさ〜♪

太りにくいうえ、満足感も高い！

えのきのアラビアータ

材料(2人分)

えのきだけ … 1袋(200g)
玉ねぎの薄切り
　… 1/4個分(50g)
つぶしたにんにく … 1かけ分
トマト缶(ホール) … 1/2缶
赤唐辛子 … 2本
コンソメ(顆粒) … 小さじ2弱
塩、乾燥パセリ … 各少々
オリーブオイル … 大さじ1

作り方

1. えのきは根元を切り落とし、ほぐす。
2. フライパンにオリーブオイルを熱し、にんにくと玉ねぎを炒める。香りが立ってきたらえのきを加え、塩を振る。
3. 赤唐辛子、トマト缶、コンソメを加え、木べらなどでトマトをつぶしながら中火で5分ほど煮る。器に盛ってオリーブオイル(分量外)を回しかけ、パセリを振る。

MEMO

きのこは値段が安定しているうえにだしも出て、非常にうまみが強い食材。余計なことをせずともおいしく食える。

PART 3 野菜で飲む

2 丸ごとエリンギのピクルス

ワインにぴったり

材料（2〜3人分）
エリンギ … 3本（130g）
A 酢 … 大さじ2
　 水 … 大さじ1
　 砂糖 … 小さじ1と1/2
　 塩 … 小さじ1/4
　 うまみ調味料 … 3振り
　 黒こしょう … 適量

作り方
1 エリンギは耐熱皿にのせ、ふんわりとラップをかけ、電子レンジで3分ほど加熱する。
2 ファスナーつき保存袋にAと1を入れてもむ。冷蔵庫で1時間以上冷やす。器に盛り、乾燥パセリを振る。

保存袋の空気をしっかり抜いてから冷蔵庫へ。

3 なめこの卵とじ

ごはんにのせてもおいしい

材料（2〜3人分）
なめこ … 1袋（100g）
玉ねぎの薄切り
　… 1/4個分（50g）
卵（軽くとく）… 2個分
A 白だし … 大さじ1と1/2
　 しょうゆ … 大さじ1
　 みりん … 大さじ2
　 水 … 大さじ3
冷凍きざみねぎ … 少々

作り方
1 小鍋に玉ねぎとAを入れて火にかける。
2 煮立ったらなめこと半量のとき卵を加える。軽くまぜたら、残りのとき卵を加え、とろ火で1〜2分煮る。器に盛ってねぎをのせる。

063

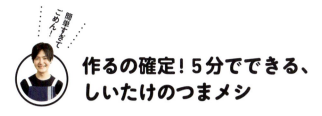

作るの確定！5分でできる、しいたけのつまメシ

SHIITAKE RECIPE : 01

しいたけのコンビーフ詰め

材料(作りやすい分量)

しいたけ(大) … 3個(80g)
コンビーフ缶
　(「ニューコンミート」でも可)
　… 1缶(100g)
バター … 10g
黒こしょう(七味でも可)
　… 少々

作り方

1 しいたけは軸を切り落とす。コンビーフはほぐす。
2 しいたけのかさの内側にコンビーフを詰める。
3 フライパンにバターをとかし、コンビーフの面を上にして2を入れ、ふたをして弱火で2分ほど焼く。器に盛り、黒こしょうを振る。

SHIITAKE RECIPE : 02

しいたけと三つ葉のバターしょうゆ炒め

材料(2人分)

しいたけ … 4個(100g)
三つ葉 … 1束
バター … 10g
しょうゆ … 小さじ1と1/2

作り方

1 しいたけは石づきをとり、2等分にする。三つ葉は長さを3等分に切る。
2 フライパンにバターをとかし、しいたけを弱火で炒める。全体にバターがからんだら三つ葉を加え、しんなりするまで炒める。
3 しょうゆを加え、全体にからめる。

MEMO

きのこの中でも濃いうまみを持つしいたけは、バターと合わせて火を通せば、奇跡のジューシーさを生み出します。ぜひ食らってください。

PART 3　野菜で飲む

コスパに優れたキャベツは、ぼくら庶民のお助け食材

CABBAGE RECIPE : 01

キャベタマの中華風

材料(2人分)

キャベツ … 1/4個(200g)
とき卵 … 2個分
塩 … 少々
酒 … 大さじ3
「ウェイパー」… 小さじ1
水どき片栗粉(水大さじ3、
　片栗粉大さじ1/2)
サラダ油 … 大さじ1(卵用)
サラダ油 … 小さじ2(キャベツ用)

作り方

1. キャベツは一口大にちぎる。とき卵に塩を加えてまぜる。
2. フライパンに油(卵用)を熱し、とき卵を流し入れ、半熟になったところでとり出す。
3. 2のフライパンに油(キャベツ用)を熱し、キャベツを炒める。全体に油が回ったら、酒、ウェイパー、水どき片栗粉を入れて、ざっとまぜる。火を止めて2を戻し入れ、くずしながら全体をまぜ合わせる。

CABBAGE RECIPE : 02

キャベツとしらすの酒蒸し

材料(2人分)

キャベツ … 1/4個(200g)
しらす干し … 25g
にんにくの薄切り … 1かけ分
酒 … 80ml
白だし、オリーブオイル
　… 各大さじ1
塩、こしょう、一味唐辛子
　… 各少々

作り方

1. キャベツは食べやすくちぎる。
2. フライパンに1、しらす、にんにく、白だし、酒を入れ、ふたをして弱火で15分ほど蒸す。
3. オリーブオイルを回し入れ、塩、こしょうで味をととのえる。器に盛って一味を振る。

MEMO

「キャベツとしらすの酒蒸し」は仕上げに七味やゆずこしょうを添えても。しらすがなければ、ツナなど魚系の缶詰で代用可能。

冷めてもうまい！
本格中華が
自宅で食える

日本酒は
強いうまみを持つ
最高の調味料

PART 3 野菜で飲む

春菊のジェノバソースパスタ

材料(1人分)

春菊 … 1/2袋(70g)
ベーコン … 40g
スパゲッティ(乾麺・1.4mm)
　… 100g
にんにくのすりおろし
　… 1かけ分
塩 … 小さじ1/4
コンソメ(顆粒) … 小さじ1/2
パスタのゆで汁 … 大さじ2
オリーブオイル … 60ml
黒こしょう … 適量

作り方

1 鍋に湯を沸かし、スパゲッティをゆでる。
2 春菊はざく切りにする。ベーコンは拍子木切りにする。
3 フードプロセッサーか「ぶんぶんチョッパー」に春菊、オリーブオイル、にんにく、塩を入れ、ペースト状になるまでかくはんする。
3 フライパンにオリーブオイル適量(分量外)を熱し、ベーコンを炒める。火が通ったら、パスタのゆで汁、3の半量、コンソメ、黒こしょうを加えてよくまぜ合わせ、ゆで上がったスパゲッティを加えて全体をからめる。

このレシピは、「ぶんぶんチョッパー」かフードプロセッサーがないとかなり厳しい……。でも、「ぶんぶん〜」を買うだけの価値があるレシピです！

MEMO

残ったソース半量は青魚(さんま、いわし、さば、ぶりなど)にかけたり、ゆで豚や塩豚にも合いますよ。火を通さず、そのままかければOK。

なすのデミチーズ焼き

材料(2人分)

- なす … 2個(200g)
- ピザ用チーズ … 35g
- ハヤシライスのルー(市販) … 1かけ(20g)
- ケチャップ … 大さじ1
- 水 … 60ml
- 塩、こしょう、黒こしょう … 各少々
- バター … 10g
- オリーブオイル(サラダ油でも可) … 小さじ1
- タバスコ … 適量

作り方

1. なすは縦8等分に切り、塩、こしょうを振る。フライパンにバターとオリーブオイルを熱し、なすをしっかり焼き色がつくまで弱火で炒める。
2. ケチャップを加えてさらに炒め、酸味をとばし、水とハヤシライスのルーを加えてとかす。
3. 耐熱皿に2を入れ、チーズをのせ、オーブントースターで10分ほど焼く。黒こしょうとパセリを振り、タバスコをかけて食べる。

なすはこのくらいしっかり白い部分に焼き目がつくまで炒める。

チーズはもっとたくさん入れてもうまいです。

MEMO

フライパン×オーブントースターでできる、絶品爆速レシピ。**ビールはもちろん、ワイン**もすすみます。

二度づけして焼く
から外はカリッ、
中はトロ〜リ

なすのピカタ

材料(2人分)

なす … 2個
とき卵 … 2個分
コンソメ(顆粒) … 小さじ1
乾燥パセリ、黒こしょう、
　　オリーブオイル、
　　ケチャップ… 各適量

作り方

1 なすは縦に薄切りにする。
2 バットにとき卵とコンソメを入れてよくまぜ合わせ、1をくぐらせる。
3 フライパンにオリーブオイルを熱し、2の両面を軽く焼く。再度2の卵液をつけて両面焼く。
4 器に盛って、パセリ、黒こしょうを振り、ケチャップを添える。好みで塩、粉チーズ、タバスコなどをかけても。

MEMO

なすと卵と調味料だけなのに、なぜこんなにもうまいのか。見た目は地味ですが、食べた全員がその**うまさに驚き**ます。

味をつけた卵液をなすにしっかりからめて二度焼きを。

冷やしてもイケます

PART 3 野菜で飲む

なすのツナマヨミルフィーユ

材料(2人分)

なす … 2個
ツナ缶(油をきる) … 1缶
マヨネーズ … 大さじ2と1/2
白だし … 小さじ1
塩、黒こしょう、乾燥パセリ
　… 各適量

作り方

1 なすはラップで包んで電子レンジで3分加熱し、縦6等分に切る。

2 ボウルにツナを入れ、マヨネーズ、白だしを加えてまぜる。

3 1のなすの上に2のツナマヨを塗る。これを数回繰り返して層にする。強めに塩、黒こしょうを振り、パセリを散らす。

| MEMO

55ページでも言いましたが、ぼくはかなりの野菜嫌い。でもなすは大好き！ 淡泊だから自分の好きな味に変化させられるし、安くて給料日前に大活躍。

073

みょうがの生ハム巻きカルパッチョ

材料（作りやすい分量）

みょうが … 3個
生ハム … 10枚
黒こしょう、オリーブオイル
　… 各適量

作り方

1 みょうがはせん切りにし、適量を生ハムで巻く。これを10本作る。
2 皿に盛り、オリーブオイルをかけ、黒こしょうを振る。

MEMO

酒のアテとして"絶対的推しレシピ"。夏の間に必ず作ってください。

夏にぴったり！さわやかなうまさ

箸が止まらない！

チョレギブロッコリースプラウト

材料 (2人分)

ブロッコリースプラウト
　… 1パック(20g)
いり白ごま、きざみのり
　… 各適量
A にんにくのすりおろし
　　… 少々
　しょうゆ … 小さじ1/2
　塩、砂糖 … 各1つまみ
　うまみ調味料 … 2振り

作り方

1 **A**はよくまぜ合わせる。
2 ボウルにスプラウトを入れ、1を加えて和える。器に盛り、きざみのりを散らし、ごまを振る。

| MEMO

一年中買えて、しかも安い。「スルフォラファン」とかいう肝機能にいい栄養もあるブロッコリースプラウト。酒飲みは野菜室に常備を！

PART 3　野菜で飲む

075

にんじんドリア

材料（2人分）

にんじん … 1本(150g)
ベーコン、ピザ用チーズ
　　… 各40g
コンソメ（顆粒）
　　… 小さじ1弱
バター … 10g
塩、こしょう、黒こしょう、
　　乾燥パセリ … 各適量

作り方

1. にんじんは皮つきのまま乱切りにし、ベーコンとともにフードプロセッサーに入れてかくはんする。にんじんが米粒くらいのこまかさになればOK。
2. 耐熱容器に **1** を入れ、コンソメを散らし、塩、こしょうを振る。バターをのせ、ふんわりとラップをかけて電子レンジで3分加熱し、よくまぜる。
3. 耐熱皿に入れてチーズを散らし、オーブントースターで10分ほど焼く。
4. 黒こしょうを振り、パセリを散らす。

MEMO

にんじんなんか大嫌いです。でもそんなにんじん嫌いのぼくがこのドリアだけは好き！　ぜひ作ってみてください。**にんじん嫌いのお子さんも必ず"オチ"ます。**

こんな感じで耐熱容器にこまかくした具材＆調味料の上にバターをのせて。

小麦粉不使用。
にんじん嫌いの"大人"も
バクバク食べる

クセになる！
リュウジ流
枝豆的つまみ

オクラのオーブン焼き

材料 (2人分)

オクラ … 5本
粉チーズ、塩、こしょう、
　うまみ調味料、
　オリーブオイル、黒こしょう
　… 各適量

作り方

1. オクラは縦半分に切る。
2. オーブントースターのトレーにクッキングシートを敷き、**1**を並べる。塩、こしょう、うまみ調味料、粉チーズを振り、オリーブオイルをまんべんなくかけ、8分焼く。器に盛り、黒こしょうを振る。

MEMO

難しいこと一切なし！　超簡単な味つけ＆調理ですが、枝豆と同じくらいビールに合います。お弁当の彩りおかずにもどうぞ。

シェパーズパイ

材料(2〜3人分)

じゃがいも … 250g
合いびき肉 … 120g
玉ねぎのみじん切り
　… 1/4個分(50g)
にんにくの薄切り
　… 1かけ分
トマトジュース … 150ml
コンソメ(顆粒) … 小さじ1
バター … 10g
塩、こしょう … 各適量
オリーブオイル … 大さじ1

作り方

1. ひき肉に塩、こしょうを振る。
2. フライパンにオリーブオイルを熱し、にんにく、玉ねぎの順で炒める。玉ねぎが透き通ったら、ひき肉を入れ、さらに炒める。
3. トマトジュースとコンソメを加えて水けがとぶまで煮詰める。耐熱皿に入れ、平らにならす。
4. 耐熱容器にじゃがいもと水大さじ4を入れてふんわりとラップをかけ、電子レンジで8分ほど加熱する。塩とバターを加えてマッシャーでなめらかになるまでつぶす。3の上にのせ、ならす。表面にフォークで筋をつける。
5. オーブントースターでほんのりとした焼き色がつくまで15分ほど焼く。

シェパーズパイはこのフォークでつける模様がポイント。ひと手間ですが、焼き上がりが美しく！

PART 3 野菜で飲む

MEMO

「イギリス料理はおいしくない」と思っている人にこそ、作って食べてほしい。**ミートソースはトマトジュースで、マッシュポテトは電子レンジを使って作る**から簡単です。

 1859回のリツイート

 9735人がいいね

ジャーマンスイートポテト

材料(2人分)

さつまいも … 180g
ベーコン … 50g
にんにくのみじん切り
　… 1かけ分
コンソメ(顆粒)
　… 小さじ1弱
水 … 大さじ1と1/2
塩、こしょう … 各少々
オリーブオイル … 大さじ1

作り方

1　さつまいもは皮つきのまま軽くぬらしてラップで包み、電子レンジで2分30秒加熱し、半月切りにする。ベーコンは拍子木切りにする。

2　フライパンにオリーブオイルを熱し、にんにくを炒める。香りが立ってきたらベーコンを加えて炒める。

3　さつまいもを加え、軽く炒めたらコンソメと水を加え、全体を木べらなどでまぜ合わせる。塩、こしょうで味をととのえる。好みで乾燥パセリを振る。

| MEMO |

オリーブオイルをバター10gにかえるとコクが増してデザート的なおいしさに。

かぼちゃとひき肉のガリバタ炒め

材料(2人分)

かぼちゃ … 200g
豚ひき肉 … 80g
にんにくのみじん切り
　… 1かけ分
コンソメ(顆粒) … 小さじ2/3
水 … 大さじ1
バター … 10g
塩、こしょう … 各適量

作り方

1　かぼちゃはラップで包み、電子レンジで1分加熱する。ひっくり返してさらに1分加熱する。あら熱をとり、8mm厚さに切る。

2　フライパンにバターを熱し、にんにくを炒める。香りが立ってきたらひき肉を加えて炒める。

3　肉に火が通ったらかぼちゃを加えて炒める。塩、こしょうを振り、コンソメと水を加え、全体をなじませる。

| MEMO |

コンソメバターな味つけがめっちゃあと引くうまさです。

にらチヂミ

材料 (2枚分)

- にら … 1束(120g)
- **A** とき卵 … 1個分
  - 小麦粉 … 90g
  - 片栗粉 … 50g
  - 白だし … 大さじ1
  - 水 … 90ml
- ごま油 … 大さじ2
- [たれ]
  - 焼き肉のたれ … 大さじ1と1/3
  - 酢 … 小さじ1
  - ラー油 … 適量

作り方

1. にらは5cm長さに切る。
2. ボウルに**A**を入れてよくまぜ合わせ、**1**を加えてざっとまぜる。
3. フライパンにごま油の半量を熱し、**2**の半量を入れて両面焼く。同様にもう1枚焼く。
4. たれの材料をよくまぜ合わせ、**3**に添える。

MEMO

余りがちなにらの救済メニュー。にら1束がっつり使うから、どこから食ってもにらまみれ。お子さんの軽食にもおすすめです。そのときはたれの材料からラー油を抜いてくださいね。

秘伝のつけだれが最高!

> かたくなったパンが
> おいしい
> つまメシに変身!

パンサラダ

材料(1人分)

食パン(6枚切り) … 1枚
トマト … 1/2個
レタス … 大2枚(65g)
酢 … 大さじ1
水 … 大さじ3
コンソメ(顆粒) … 小さじ1
オリーブオイル … 大さじ2弱
塩、こしょう … 各適量

作り方

1 ボウルに酢と水を合わせてまぜ、一口大にちぎったパンをひたす。
2 トマトは薄切りにし、レタスはちぎる。
3 1に2、コンソメ、オリーブオイルを加え、軽くまぜる。
4 塩、こしょうで味をととのえる。

MEMO

お好みでハムやツナを加えてもおいしい。仕上げに黒こしょうや粉チーズを振っても合いますよー。

COLUMN.02

＼ ちょこっとアレンジ ／
安い酒もおいしく飲む！

何度も言いますが、酒が好きです。食事に合わせて楽しむのは
もちろんだけど、友人たちと集まってわいわい家飲みする時間も
最高です。みんなで一緒に買い出しに行ったりもします。
メンバーはだいたい同世代なので、高い酒なんか買いません。
コンビニやスーパーで買える酒ばっか。でもそれをちょっとの手間で
おいしく変身させると、友人たちもすごく喜んでくれるんです。

春夏向き

熟れたバナナの香りを移して
バナナのにごりサングリア

作り方

1ℓのびんに、斜め切りにした熟したバナナ（中）2本分とはちみつ大さじ1を入れ、中辛口の冷えた白ワイン1本（720ml）を注ぐ。さっとまぜてから飲む。

MEMO

そのまま飲んでも、ソーダ割りにしても。香りが出ない場合はバナナをつぶしながら飲んでください。

"おでんの汁"的なおいしさ
白だし熱燗

作り方

耐熱グラスに水大さじ7（105ml）、白だし大さじ1、日本酒大さじ3を入れて、ラップをかけずに電子レンジで1分30秒加熱する。

MEMO

もはや熱燗というより、アルコール入りの滋味あふれるスープ。熱いうちにどぞ！

秋冬向き

PART 4

飲みながら作る

フライパンを振りながら飲む。
鍋で何かをコトコト煮ている横で飲む。
そしてできたてのアツアツを台所で立ったまま食らう！
酒飲み・自炊派にとって、
こんな幸せな時間はありません。
ぼくも飲みながら作ることなんてしょっちゅうです。
この章ではそんな"飲みながらでも作れる"レシピを
紹介します。

《 フライパン1つでできる 》

いろんな調理器具を使って作る料理は、飲んでいるときには無理!
フライパン1つでチャチャッと作れるか、ほったらかしにできるやつ。
洗い物も少ないのがうれしい。

さんまのアヒージョ

材料(作りやすい分量)

- さんま … 小4尾
- つぶしたにんにく … 4かけ分
- 赤唐辛子の小口切り … 2本分
- 塩 … さばいたさんまの
  　重量の1%前後の量
- 黒こしょう … 少々
- オリーブオイル、乾燥パセリ
  　… 各適量

作り方

1. さんまは頭と尾を落として内臓をとり除く。皮を残して三枚におろし、3等分に切る。塩、こしょうを振って数分おく。
2. フライパンにさんまを広げる。にんにく、赤唐辛子を散らし、オリーブオイルをひたひたに注ぐ。
3. さんまに火が通るまで弱火で煮て、パセリを振る。

さんまは皮目を下にして入れ、数分煮たら上下を返して。

| MEMO |

三枚おろしが面倒ならばぶつ切りでも◎。このオイルにおろしにんにく、しょうゆ、うまみ調味料各少々を加え、薄切りの玉ねぎと一緒にごはんにのせる"アヒージョ丼"も美味!

4577回のリツイート

1万7000人がいいね

> 芋焼酎に
> めっちゃ合う、
> シズル感ある1品

ぶりねぎま

材料(2人分)

ぶり … 1切れ(120g)
長ねぎ … 1本
A しょうゆ … 大さじ1と1/2
　砂糖 … 小さじ2
　みりん、酒 … 各小さじ1
　うまみ調味料 … 2振り
サラダ油 … 少々

作り方

1 ぶりは5〜6等分に切り、長ねぎは3〜4cm長さに切る。
2 フライパンに油を熱し、長ねぎを炒める。軽く焼き色がついたらぶりを加え、さらに炒める。
3 ぶりに軽く火が通ったらAを加え、煮からめる。好みで七味唐辛子を振っても。

MEMO

ごはんにのせてもおいしい。その場合は卵黄を落としても◎。

れんこん海苔明太

PART 4 飲みながら作る 《フライパン1つでできる》

材料(2人分)

- れんこん … 100g
- 辛子明太子 … 15g
- 冷凍きざみねぎ、
  きざみのり … 各少々
- 酒 … 大さじ1/2
- めんつゆ … 大さじ1/2弱
- ごま油 … 小さじ2

作り方

1 れんこんは皮つきのまま5〜8mm厚さの半月切りにする。明太子は皮を除く。
2 フライパンにごま油を熱し、れんこんを炒める。軽く焼き色がついたら酒とめんつゆを加える。
3 煮詰まってきたら明太子を加え、炒めながらからめる。
4 皿に盛り、ねぎときざみのりを散らす。

| MEMO |

スナック感覚で食べられるお総菜。ごはんの**おかずとしてもいいし、お弁当にも**おすすめです。

「怪盗キッド」並みの酒泥棒〜!

春菊嫌いの友達も たいらげた

春菊の中華風にんにく炒め

材料(2人分)

春菊 … 1袋(170g)
にんにくの粗いみじん切り
　… 2かけ分
水 … 大さじ5
「ウェイパー」… 小さじ2/3
塩 … 少々
ごま油 … 大さじ1

作り方

1. 春菊は4cm長さに切る。葉と根元を分けておく。
2. フライパンにごま油を熱し、にんにくを炒める。香りが立ってきたら、春菊の根元を入れ、強火で炒める。
3. 葉と水、ウェイパー、塩を加え、まぜながら炒める。

MEMO

空芯菜の炒め物の春菊バージョン。ほろ苦系の野菜は、にんにく＆ウェイパーで炒めれば、酒と白飯の友になります。

 1548回のリツイート

 8069人がいいね

さきいかの韓国風炒め

PART 4 飲みながら作る 《フライパン1つでできる》

材料(2人分)
- さきいか … 1袋(40g)
- 焼き肉のたれ、ごま油 … 各小さじ2
- いり白ごま … 適量

作り方
1. フライパンにごま油を熱し、さきいかを炒める。焼き肉のたれで調味する。
2. 器に盛り、ごまを振る。

| MEMO |

韓国料理店でよく見る「さきいかのコチュジャン炒め」。家にコチュジャンがなくても、**焼き肉のたれでできます**。レタスで巻いてもうまい!

昭和なつまみがアップグレード

変幻自在の卵さえあれば.1

明石焼き風オムレツ

材料（2人分）

- ゆでだこ … 60g
- 卵 … 3個
- A 小麦粉 … 大さじ1
  　白だし … 小さじ2
  　塩 … 小さじ1/4
  　水 … 80ml
- サラダ油 … 大さじ1
- B 白だし … 小さじ2
  　湯 … 60ml
- 冷凍きざみねぎ … 適量

作り方

1. たこはぶつ切りにする。
2. ボウルにAを入れてよくまぜ、卵を加えてよくまぜる。
3. フライパンに油を強めの中火で熱し、2を流し入れる。少し固まってきたらたこをのせ、たたんでオムレツ形に焼く。
4. 器に盛り、Bをまぜてかけ、ねぎを散らす。

このくらい半熟のときにたこ投入。

包んでいく途中、くずれたってOK!

完成！

MEMO

いわずと知れた兵庫県明石市の郷土料理。おかずや飲みのアテにもいいですが、お子さんのいる家庭ならおやつにもいいですよ。

ギリシャの簡単トマト料理

3146回のリツイート
1万8000人がいいね

ごはんやパスタにからめてもおいしい

PART 4 飲みながら作る 〈 フライパン1つでできる 〉

変幻自在の卵さえあれば.2

ストラパッツァータ

材料(4人分)

トマト缶(ホール) … 1/2缶
卵 … 3個
玉ねぎの薄切り
　　… 1/8個分(25g)
にんにくのみじん切り
　　… 1かけ分
コンソメ(顆粒) … 小さじ1
乾燥パセリ、塩、こしょう
　　… 各適量
オリーブオイル … 大さじ1

作り方

1 フライパンにオリーブオイルを熱し、にんにくと玉ねぎを炒める。
2 玉ねぎが透き通ってきたらトマト缶とコンソメ、塩、こしょうを加える。トマトを木べらなどでつぶしながら、水分がとぶまで強火で煮る。
3 真ん中をあけ、卵を割り入れる。菜箸などでかきまぜてスクランブル状にしたら、全体を軽くまぜる。
4 器に盛り、オリーブオイル(分量外)をかけ、パセリを振る。

| MEMO |

簡単に言うとトマトが入ったスクランブルエッグ。パンにのせてもうまいです。**ワインのお供や朝食にも。**

こんなふうに真ん中をあけて卵を入れて。

変幻自在の卵さえあれば.3

ポーチ・ド・シャンピニオン

材料(2人分)

まいたけ … 1パック(100g)
温泉卵 … 1個
コンソメ(顆粒)
　　… 小さじ2/3
酒 … 大さじ1
バター … 8g
塩、こしょう … 各適量

作り方

1 まいたけはほぐす。
2 フライパンにバターをとかし、まいたけを炒める。コンソメ、酒を加えてよくまぜ合わせ、塩、こしょうで味をととのえる。
3 器に盛り、温泉卵をのせ、くずしながら食べる。

（ お手軽煮込み ）

冬のみならず、夏も汗をかきながら
ビールやハイボール片手に煮込み料理を楽しむのもオツ！
ふたつきフライパンでも作れます。

わさびの風味で
うまさアップ！

豚肉のビール煮

PART 4 飲みながら作る《お手軽煮込み》

材料（3〜4人前）

豚肩ロースかたまり肉
　（バラ、ブロックでも可）
　… 400g
玉ねぎの薄切り
　… 1個分（200g）
にんにくの薄切り … 2かけ分
ビール … 1缶（350ml）
コンソメ（顆粒）
　… 小さじ1と1/2
オリーブオイル
　… 大さじ1と1/2
塩、こしょう、わさび
　… 各少々

作り方

1. 豚肉は2〜4等分に切り、塩、こしょうを振る。
2. フライパンにオリーブオイルを熱し、豚肉を焼く。全体に焼き目がついたらとり出す。
3. 同じフライパンににんにく、玉ねぎ、塩を入れ、あめ色になるまで中火で炒める。
4. 肉を戻し入れ、ビールとコンソメを加える。煮立ったらふたをし、弱火で1時間ほど煮込む。
5. ふたをとって煮汁にとろみがつくまで煮詰める。
6. 皿に肉を盛り、煮汁をかけ、わさびを添える。

玉ねぎはこのくらいあめ色＆くったりするまで炒めて。

| MEMO |

煮込み時間が長い料理ですが、鍋1つでできるので意外とラク。**時短にしたいなら肉を一口大に切れば煮込み時間30分くらいでOK。**

うまみの宝庫

おいしいつまみの塩辛は、調味料としても優秀

SHIOKARA RECIPE : 01

きのこと塩辛の豆乳クリーム煮

材料 (2人分)

- トースト … 1枚
- いかの塩辛 … 大さじ1と1/2
- しめじ … 1パック(80g)
- 豆乳 … 大さじ5
- コンソメ(顆粒) … 小さじ1/2
- バター … 10g
- 黒こしょう … 少々

作り方

1. しめじは石づきを落としてほぐす。トーストは4等分に切る。
2. フライパンにバターをとかし、塩辛としめじを入れて炒め合わせる。
3. コンソメと豆乳を加え、とろみがつくまで6〜8分煮る。
4. 器に盛り、黒こしょうを振る。トーストを添える。

SHIOKARA RECIPE : 02

塩辛スンドゥブ

材料 (1〜2人分)

- 豚バラ薄切り肉 … 80g
- キムチ … 120g
- 絹ごし豆腐 … 150g
- **A** いかの塩辛 … 大さじ1
  - ごま油 … 大さじ1
  - みそ … 大さじ1と1/2
  - 砂糖 … 小さじ2
  - 一味唐辛子 … 小さじ1/3
  - 白だし … 大さじ1/2
  - にんにくのすりおろし … 1/2かけ分
  - 水 … 300ml
- 卵 … 1個
- 冷凍きざみねぎ … 少々

作り方

1. 豚肉は一口大に切る。
2. 小鍋に**A**を入れてまぜ、**1**とキムチを加えてまぜる。豆腐をスプーンですくいながら加えてふたをし、10分ほど煮る。
3. 卵を割り入れ、半熟になったら火を止め、ねぎを散らす。

MEMO

どちらも塩辛を入れたことで**ビックリするほどコクのある味**に。火を通すのでくさみもなく、**塩辛のにおいが苦手！ という人でも大丈夫**。スンドゥブは残ったスープにごはんを入れれば、韓国風雑炊に。

特製無添加インドカレー

材料(2人分)

鶏もも肉(胸肉でも可)
… 400g
玉ねぎ(小)のみじん切り
… 1個分
トマト缶(ホール)
… 1/2缶
にんにくのみじん切り
… 6かけ分(30g)
しょうがのみじん切り
… 40g分
カレー粉 … 大さじ3
塩 … 小さじ2
水 … 500ml
サラダ油 … 100ml
あたたかいごはん … 適量

作り方

1 鶏肉は一口大に切る。

2 鍋に油とにんにくを入れて火にかけ、柴犬色になるまで熱する。

> 以下すべて強火で調理!
> 目を離さない、焦がさないように注意。

3 玉ねぎを加えて透き通るまでいため、しょうが、トマト缶、カレー粉、塩を加え、水分がとぶまで、トマトをつぶしながらよく炒める。

4 鶏肉を加え、色が変わるまで炒める。水を加え、ときどきまぜながら強火でとろみがつくまで煮る。ごはんにかけて食べる。

MEMO

特別なスパイスは使っていないのに、味は超本格派の"本気カレー"。**秘密は強火**。とくに煮込むときは強火で鍋の中を対流させることで、鶏肉と玉ねぎのだしがめちゃくちゃ出るんです。慣れないときは中火くらいでやってもいいですが、やはり**ポコポコ煮立たせながら作ると**おいしい。

PART 4 飲みながら作る 《 お手軽煮込み 》

COLUMN.03

缶詰で、簡単つまみメシ

下処理いらずの缶詰はやっぱり便利。そのまま食べても充分おいしいんですが、ポテンシャルを最大限に引き出した7レシピをご紹介。覚えておけば、買い物に行きたくない日なんかに絶対役立ちます。

漬け込み不要！超絶品だれの
さば缶の中華風マリネ

作り方

さば水煮缶1缶(150g)は汁けをきってボウルに入れ、一口大にほぐしたら、薄切りにした玉ねぎ(小)1/4個分(50g)としょうがのせん切り5g、赤唐辛子の小口切り1本分を加えてまぜる。しょうゆ・砂糖・酢・ごま油各大さじ1、うまみ調味料2振り、塩・こしょう各少々で調味し、あれば赤唐辛子をのせる。

最後にレモン汁をかけてもうまい
焼き鳥缶の喜ばれるヘビロテサラダ

作り方

湯通しして水けをきったキャベツのせん切り1/4個分(200g)に、やきとり缶1缶(75g)をまぜ合わせ、塩2つまみ、うまみ調味料3振り、ごま油大さじ1で調味する。好みで黒こしょうを振る。

タバスコをかけても

> **作り方**
>
> ボウルに粗いみじん切りにしたトマト1個分(水けをよくきる)と玉ねぎ1/8個分(25g)、汁けをきったさば水煮缶1缶(150g)、オリーブオイル大さじ2、塩小さじ1/4、うま味調味料5振り、おろしにんにく1かけ分、レモン汁小さじ1を入れてよくまぜ合わせる。器に盛り、黒こしょうと乾燥パセリ各適量を振る。

フォロワー再現率が異様に高いレシピ

さばのトマトマリネ

> **作り方**
>
> 耐熱容器に汁けをきったさば水煮缶1缶(150g)、スプーンですくった絹ごし豆腐300g、にんにくの粗いみじん切り1かけ分、「ウェイパー」小さじ1弱、一味唐辛子小さじ1/2、みそ大さじ1を水70mlでといたものを入れ、さばをくずしながらまぜる。ふんわりとラップをかけて電子レンジで4分加熱する。長ねぎのみじん切り1/3本分、倍量の水でといた片栗粉・ごま油各大さじ1を加えまぜる。器に盛り、ラー油をかけて冷凍きざみねぎを散らす。

電子レンジでできるお助けメニュー

レンジさば缶麻婆

103

COLUMN.03

> 作り方

ツナ缶1缶(70g)ににんにくのみじん切り1かけ分と赤唐辛子の小口切り1本分を入れ、塩ひとつまみ、うまみ調味料2振り、オリーブオイル大さじ1を加えて、魚焼きグリルに缶ごと入れる。油がふつふつとしてきたらとり出し、黒こしょうと乾燥パセリを振る。トーストにのせて食べる。

めちゃくちゃうまくて2周した……
ツナ缶のアヒージョ

> 作り方

さんまの蒲焼き缶1缶(80g)にマヨネーズ適量をかけ、ピザ用チーズ30gをのせる。オーブントースターで10分ほど焼き、七味を振る。

全国ズボラーの皆さま、お待たせしました
さんま蒲焼き缶の七味マヨグラタン

地味だけどめっちゃうまいんす
きゅうりとさんまの蒲焼き和え

> 作り方

薄切りにしたきゅうり1本分に塩小さじ1/5を加えてもみ、水けをしぼる。さんまの蒲焼き缶1缶(100g)の汁けをきってほぐしながら加え、和える。仕上げに七味を振って。

PART

5

麺でも飲む

飲んだあとの麺！ 飲んでいるときの麺！
どっちにしたってデブのもとになるけれど、
あのおいしさを思うとやめられない、
止まらない。
うどんにパスタに中華麺。
ぼくにしてはめずらしくそばのレシピも考えました。
そばなら少しだけ罪悪感が薄れるかも。
"誘惑の麺類"のレシピを紹介します。

完全つまみ用
焼きそば

焼きそばそうめん

材料(1人分)

かためにゆでたそうめん
　…2束(160g)分
豚バラ薄切り肉…80g
キャベツ…1/8個(100g)
ウスターソース
　…大さじ2弱
めんつゆ…大さじ1弱
塩、こしょう、青のり、
　かつお節、紅しょうが
　…各適量
サラダ油…大さじ1

作り方

1. キャベツは食べやすく切る。豚肉は一口大に切る。そうめんは洗ってぬめりをとり、水けをよくしぼる。
2. フライパンに油を熱し、豚肉を炒める。肉に火が通ったら、キャベツを加えて炒め合わせる。塩、こしょうで調味する。
3. そうめんを加え、ソースとめんつゆで調味する。
4. 器に盛り、青のりとかつお節を振り、紅しょうがを添える。

| MEMO |

そうめんは炒める前に必ず洗って。洗わないとめん同士がくっついてダマになり、食べにくいったらないです。

BLTそば

材料(1人分)

- 日本そば(乾麺) … 100g
- ベーコン … 40g
- レタス … 2枚
- トマト … 1/4個
- 黒こしょう … 少々
- A 酢 … 大さじ1
- めんつゆ … 大さじ2と1/2
- オリーブオイル … 大さじ2
- オリーブオイル … 少々

作り方

1. レタスはせん切り、トマトは5mm厚さに切る。ベーコンは拍子木切りにして、オリーブオイルを熱したフライパンで炒める。
2. 鍋にたっぷりの湯を沸かし、そばをゆでる。ゆで上がったら水でしめる。
3. ボウルに**1**、**2**、**A**を入れ、まぜ合わせる。
4. 皿に盛り、黒こしょうを振る。

MEMO

サラダ感覚で食べられるつまみそば。途中で飽きたらラー油をかけると、冷やし中華的なおいしさに変身します。

ベーコン、レタス、トマトの神コラボ

\ ゆでる手間なし！ /
電子レンジで和洋中の簡単麺

和

おいしくない
要素が見つからない

牛釜玉うどん

材料(1人分)

牛切り落とし肉 … 100g
冷凍うどん … 1玉
卵 … 1個
　（卵白と卵黄に分ける）
めんつゆ … 大さじ2
砂糖 … 小さじ2
冷凍きざみねぎ、
　七味唐辛子 … 各適量

作り方

1. 耐熱容器に牛肉、めんつゆ、砂糖を入れてよくまぜ、冷凍うどんを加える。ラップをかけて電子レンジで6分加熱する。
2. どんぶりに卵白を入れ、1を加え、卵黄をのせる。ねぎを散らし、七味唐辛子を振る。

1 耐熱容器からうどんがはみ出していてもOK。ちゃんと作れます。

| MEMO

調理過程で白身と黄身を分けているのは、見ばえのため。自分が食べるなら、**どんぶりに全卵入れて、そこに電子レンジから出した"肉うどん"をぶち込んでOK！** まぜて食べるから、味は変わりません。

PART 5 麺でも飲む

濃厚明太子カルボナーラ 〔洋〕

> レンジで作った とは思えない濃厚さ

材料(1人分)

- スパゲッティ(乾麺・1.4mm) … 100g
- ほぐした辛子明太子 … 25g
- とき卵 … 1個分
- バター … 10g
- A｜コンソメ … 小さじ1強
  ｜塩 … 少々
  ｜オリーブオイル … 小さじ2
  ｜水 … 230ml
- 黒こしょう … 適量

作り方

1. 耐熱容器に半分に折ったスパゲッティとAを順に入れ、ラップをかけずに電子レンジで9分加熱する。
2. とり出してすぐにとき卵、バターを加え、よくまぜる。
3. 皿に盛り、明太子をのせ、黒こしょうを振る。あれば乾燥パセリを振る。

MEMO
ゆで上がったら間髪入れずにとき卵とバターを加えまぜてください。温度が下がるとボソボソに！

担々油そば 〔中〕

> 難易度高いメニューも 電子レンジで簡単に

材料(1人分)

- 焼きそば麺 … 1袋
- 豚ひき肉 … 60g
- 玉ねぎのみじん切り … 1/8個分(25g)
- にんにくのみじん切り … 1かけ分
- しょうゆ … 小さじ1
- ごまだれ(市販) … 大さじ4
- ごま油 … 小さじ1
- 糸唐辛子、ラー油 … 各適量

作り方

1. 耐熱容器にひき肉、玉ねぎ、にんにく、しょうゆ、ごまだれ、ごま油を入れてよくまぜ合わせる。
2. 焼きそば麺を加え、ふんわりとラップをかけて電子レンジで3分40秒加熱する。
3. 全体をまぜ合わせて器に盛り、糸唐辛子をのせ、ラー油をかける。

MEMO
酢をかけたり、花椒(ホワジャオ)を振ると、中華っぽさマシマシに。冷凍きざみねぎをまぜても。

ピビン麺

材料 (1人分)

- そうめん … 2束(160g)
- 牛切り落とし肉 … 60g
- きゅうりのせん切り … 1/4本分
- きざんだキムチ … 80g
- 卵黄 … 1個分
- **A** 酢、しょうゆ … 各大さじ1/2
  - 砂糖 … 小さじ2と1/2
  - みそ … 小さじ2
  - 一味唐辛子 … 4振り
  - うまみ調味料 … 3振り
  - ごま油 … 大さじ1

作り方

1. 鍋に湯を沸かし、そうめんと牛肉を入れて1分30秒〜2分ゆでる。冷水で洗い、水けをよくしぼる。
2. ボウルに**A**を入れてよくまぜ合わせる。
3. 2に1とキムチを加え、よく和える。
4. 皿に盛り、卵黄をのせ、きゅうりを添える。

MEMO

みそと一味唐辛子さえあれば、韓流な味つけは再現可能。ただし、香りが強い七味唐辛子は使わないでくださいね〜。香りが勝って、和っぽくなってしまいます。

コチュジャン使わずとも韓流な味わい

納豆オム焼きそば

納豆＋卵の組み合わせは麺にも通用

材料(1人分)

焼きそば麺 … 1袋
納豆 … 1パック
長ねぎの斜め切り
　… 1/3本分
とき卵 … 1個分
めんつゆ、酒 … 各大さじ1強
納豆に付属のたれ … 1袋
黒こしょう … 適量
ごま油 … 小さじ2
サラダ油 … 小さじ2

作り方

1 フライパンに油を熱し、卵を流し入れ、フライパンを回しながら全体に軽く火を通し、とり出す。

2 1のフライパンにごま油を加えて熱し、焼きそば麺を炒める。焼き色がついたら納豆、長ねぎを加え、まぜながら炒める。めんつゆ、酒、納豆のたれで調味する。

3 皿に2を盛り、1をのせる。黒こしょうをたっぷり振る。

MEMO

食べるときは**のっけた卵をくずしながら**、納豆＆焼きそば麺との三位一体感を味わってください。

鉄板ナポリタン

材料 (1人分)

ゆでたスパゲッティ … 100g
豚ひき肉 … 60g
とき卵 … 2個分
ピーマン … 1個
玉ねぎの薄切り
　… 1/8個分 (25g)
ベーコン … 30g
ケチャップ … 大さじ5
バター … 10g
オリーブオイル … 小さじ1
粉チーズ、乾燥パセリ、塩、
　こしょう、黒こしょう … 各適量

作り方

1 ピーマンは輪切り、ベーコンは拍子木切りにする。

2 ひき肉は塩、こしょうを振る。とき卵はケチャップ大さじ1を加えてまぜる。

3 フライパンにバターをとかし、ひき肉を炒める。火が通ったらとき卵を流し入れ、菜箸でまぜながらポロポロになるまでいり、とり出す。

4 フライパンにオリーブオイルを熱し、玉ねぎ、ベーコン、ピーマンの順でいため、ケチャップ大さじ4を加えてペースト状になるまでよく炒める。さらにスパゲッティを加え、全体をよくまぜながら炒める。

5 器に4を盛って3をのせ、粉チーズ、パセリ、黒こしょうを振る。

| MEMO |

アニメ「ガールズ＆パンツァー」に出てくる、ひき肉入りスクランブルエッグをナポリタンにのせたアニメ飯。見た目もユニーク。

今夜は"アニ飯"で1杯どうすか？

2121回のリツイート

7177人がいいね

PART

6

シメのスープと炭水化物

これ、名づけて"シメタンスープ"。
飲んだあとのごはんもハズせない！
つまんで飲むだけじゃ満足しない！
そんなツワモノたちには、
最後のシメタンをガツンと食らわせてやってください。
「ごはんはもう無理、入らない」という人は、
シメに酒で冷えた体をスープで温めてください。
しみますよ〜。

《 ごはん 》

豆乳茶漬け

材料(1人分)

ごはん … 180g
豆乳 … 150ml
白だし … 20ml

作り方

1 豆乳、白だしはまぜる。温かくしたいときは、ラップをせずに電子レンジで2分ほど加熱する。
2 茶わんにごはんをよそい、1をかける。

| MEMO |

冷凍きざみねぎ、せん切りにしたハム、しらす、天かす、わさびをトッピングしたり、黒こしょう、粉チーズ、ラー油をかけるのもおすすめ。

せん切りハムのTKG

材料(1人分)

あたたかいごはん … 180g
卵 … 1個
ハムのせん切り … 4枚分
めんつゆ、粉チーズ
　… 各大さじ1
黒こしょう … 少々
オリーブオイル … 小さじ2

作り方

1 器によそったごはんの上にハムをのせ、真ん中をくぼませて卵を割り落とす。
2 めんつゆをかけ、粉チーズと黒こしょうを振り、オリーブオイルを回しかける。

| MEMO |

全部グチャグチャにして食べるのがうまいので、写真撮ったらあとは**思いっきりまぜて**ください。

> ぼくの本気が
> つまった、
> 「黄金の卵チャーハン」

酢醤油チャーハン

材料(1人分)

あたたかいごはん … 180g
とき卵 … 2個分
長ねぎのみじん切り … 1/3本分
塩 … 小さじ1/4
黒こしょう、酒 … 各適量
うまみ調味料 … 5振り
サラダ油 … 大さじ2
酢、しょうゆ … 各大さじ1

作り方

1. 煙が出るまで熱したフライパンに油、卵の順で入れ、木べらで2〜3回かきまぜたら、ごはんを加えて炒め合わせる。ごはんと卵がなじんだら塩とうまみ調味料を加え、さらに炒める。
2. 長ねぎを加えてまぜ、酒を加えて炒める。黒こしょうを振る。
3. 器に盛り、酢としょうゆをまぜてかけながら食べる。

MEMO

チャーハンは最後に**水分がとびきったところで酒を加える**と、ほどよいしっとり感が加わってプロっぽい仕上がりに。酒好きの人は大さじ1が目安。ふんわり酒が香って、さらに飲めます。

チキンアドボ

材料（作りやすい分量）

鶏手羽元 … 10本
にんにくのみじん切り
　… 4かけ分
A しょうゆ … 100ml
　酢 … 75ml
　砂糖 … 小さじ4
　赤唐辛子 … 2本
　水 … 500ml
黒こしょう … 適量
サラダ油 … 大さじ2

作り方

1 フライパンに油を熱し、手羽元を焼き色がつくまでいためる。端に寄せ、にんにくを加える。

2 にんにくの香りが立ってきたら**A**を加え、ときどき返しながら弱火で1時間ほど煮る。途中、煮汁が煮詰まりすぎたら水を足す。

3 器に盛り、黒こしょうを振る。

| MEMO

ごはんに煮汁ごとかけて目玉焼きをのせるとめっちゃうまい！**むしろ煮汁が本体です。**

PART 6 ─ シメのスープと炭水化物 《ごはん》

> フィリピンから
> やってきた
> 最強のつまみ肉

（ パン ）

カップスープパングラタン

材料(1人分)

食パン(6枚切り) … 1枚
ベーコンの拍子木切り
　… 40g
カップスープのもと
　（粉末タイプ）… 1袋
バター … 10g
ピザ用チーズ … 40g
塩 … 少々
乾燥パセリ … 適量

作り方

1 耐熱皿に食パンをちぎって並べ、ベーコンを散らす。
2 ボウルにスープのもととバターを入れて熱湯80mlを注ぎ、よくまぜ合わせて**1**にかける。
3 塩を振ってチーズを散らし、オーブントースターで10分ほど焼く。パセリを散らす。

ホワイトソースのかわりに濃厚にといたカップスープのもとを使うから簡単。

カップスープのもとにバターをプラスすることで、コクのあるソースに変身。

| MEMO

カップスープはお好きな味を使えばOK。今回はポタージュ味で作りましたが、おいしかった！

PART

6

シメのスープと飯(？)ごはん系

カップスープ
のもとで作る、
病みつき系

PART 6 シメのスープと炭水化物 《スープ》

ルー不使用！なのに超濃厚

《 スープ 》

塩鮭の豆乳シチュー

材料(2人分)

塩鮭 … 300g
ほうれん草 … 1束(200g)
豆乳 … 600ml
バター … 20g
コンソメ(顆粒) … 大さじ1
小麦粉 … 大さじ2
こしょう … 適量

作り方

1. 鮭とほうれん草は食べやすく切る。鮭はこしょうを振り、小麦粉をはたく。フライパンにバターをとかし、鮭を両面焼く。
2. 鍋に1、豆乳、コンソメを入れ、ときどきまぜながら、15分ほどコトコト煮る。

MEMO

豆乳は加熱すると自然ととろみが出るので、**ルーいらず。**パンはもちろん、ごはんにも合います。

豆乳マッシュルームスープ

作り方

フライパンにバター10gをとかし、マッシュルームのみじん切り1パック分（100g）と玉ねぎのみじん切り（小）1/4個分を入れて炒める。水けがなくなったら豆乳300mlとコンソメ（顆粒）小さじ1と1/2を加え、とろみがつくまで弱火で煮る。塩、黒こしょうで調味する。

レンジブルショット

作り方

マグカップにコンソメ（顆粒）小さじ1強、玉ねぎのみじん切り大さじ1、ウオッカ10ml、水150mlを入れ、ラップをかけずに電子レンジで2分加熱する。黒こしょう、乾燥パセリを振る。食べるときにタバスコを振って。アルコールがほどよく残る、大人のためのスープです。

ツイッターで「作りました！」の声、殺到！

作りやすいよう電子レンジレシピに改良しました！

- 4706回のリツイート
- 1万4000人がいいね

PART 6 シメのスープと炭水化物 《 スープ 》

とんこつ風豚もやしスープ

作り方

フライパンにサラダ油大さじ1を熱し、食べやすく切った豚バラ肉(またはこまぎれ肉)80gを炒める。軽く火が通ったらもやし200gを加えてさらに炒め、塩、こしょうで調味する。牛乳100ml、水200ml、白だし小さじ1、「ウェイパー」小さじ1強、酒大さじ1を加えて5分煮込む。器に盛り、紅しょうがをのせて冷凍きざみねぎを振る。

> 牛乳、白だし、ウェイパーでとんこつ風味を再現

卵サンラータン

作り方

深さのある器に、常温に戻した卵1個と「ウェイパー」小さじ1強、しょうゆ小さじ1、酢小さじ2、ごま油小さじ1と1/2を入れてよくまぜ合わせ、熱湯250mlを注ぐ。仕上げに冷凍きざみねぎを散らし、ラー油と黒こしょうを振る。

> 器に材料ぶち込んでまぜたら熱湯を注ぐだけ

食材別さくいん

肉・肉加工品

【鶏肉】
鶏の酔いどれ蒸し（もも肉）……… 12

白だし唐揚げ（もも肉）………… 19

鶏胸肉の冷しゃぶ にらポンだれ
……………………………………… 22

よだれ鶏（胸肉）………………… 33

トマトよだれ鶏（胸肉）………… 33

鶏胸チリ…………………………… 34

バーベキューチキン（もも肉）…… 35

チキンのみそトマト煮込み（もも肉）
……………………………………… 36

砂肝南蛮 ………………………… 37

鶏とレタスの洋風鍋（もも肉）
……………………………………… 38

チキンチャップ（もも肉）………… 39

揚げない和風チキン南蛮（もも肉）
……………………………………… 41

特製無添加インドカレー（もも肉）
…………………………………… 101

チキンアドボ（手羽元）………… 117

【豚肉】
無水油鍋（バラ薄切り肉）……… 15

しらたきと豚のすき焼き炒め
（バラ薄切り肉）………………… 30

みそ角煮（バラかたまり肉）……… 43

炊飯器で作る、にんにく塩肉じゃが
（こまぎれ肉）…………………… 44

豚の蒲焼き（バラかたまり肉）…… 46

唐辛子みそ豚（バラかたまり肉）… 47

無水常夜蒸し（バラ薄切り肉）…… 57

豚肉のビール煮
（肩ロースかたまり肉）………… 96

塩辛スンドゥブ（バラ薄切り肉）
……………………………………… 98

焼きそばそうめん（バラ薄切り肉）
…………………………………… 106

とんこつ風豚もやしスープ（バラ肉）
…………………………………… 123

【牛肉】
2種のソースで楽しむステーキ
（肩ロースステーキ用）………… 49

韓国風プルコギ（薄切り肉）…… 50

ステーキのガーリック
クリームソースがけ
（肩ロースステーキ用）………… 51

牛釜玉うどん（切り落とし肉）
…………………………………… 108

ビビン麺（切り落とし肉）
…………………………………… 110

【ひき肉】
シェパーズパイ（合いびき肉）…… 79

かぼちゃとひき肉のガリバタ炒め
（豚ひき肉）……………………… 80

担々油そば（豚ひき肉）………… 109

鉄板ナポリタン（豚ひき肉）…… 112

【ハム・生ハム】
油揚げブリトー風………………… 25

ほうれん草のビスマルク風……… 58

みょうがの生ハム巻きカルパッチョ
……………………………………… 74

せん切りハムのTKG…………… 115

【ベーコン】
キムチいり豆腐…………………… 28

春菊のジェノバソースパスタ…… 69

にんじんドリア…………………… 76

ジャーマンスイートポテト……… 81

BLTそば………………………… 107

鉄板ナポリタン………………… 112

カップスープパングラタン……… 118

魚介・魚加工品

【えび】
海老のアボカドタルタル添え…… 61

【鮭】
塩鮭の豆乳シチュー…………… 121

【さんま】
さんまのアヒージョ……………… 86

【ぶり】
ぶりねぎま………………………… 88

【まぐろのたたき】
ネギトロなめろう………………… 53

【ゆでだこ】
明石焼き風オムレツ……………… 92

【いかの塩辛・さきいか】
のん兵衛サラダ…………………… 52

さきいかの韓国風炒め…………… 91

きのこと塩辛の豆乳クリーム煮…… 98

塩辛スンドゥブ…………………… 98

【しらす干し・辛子明太子】
ピリ辛白菜しらすサラダ………… 53

キャベツとしらすの酒蒸し……… 66

れんこん海苔明太………………… 89

濃厚明太子カルボナーラ……… 109

【はんぺん・かに風味かまぼこ】
かにかまのカルパッチョ………… 53

はんぺんの冷やっこ……………… 54

野菜類

【アボカド】
アボカドナムル…………………… 61

【 オクラ 】
海老のアボカドタルタル添え ……… 61
アボカドからしツナマヨソース
　　　　　　　　　　　　……… 61

【 オクラ 】
オクラのオーブン焼き …………… 77

【 かぼちゃ 】
かぼちゃとひき肉のガリバタ炒め
　　　　　　　　　　　　……… 81

【 キャベツ 】
キャベタマの中華風 …………… 66
キャベツとしらすの酒蒸し ……… 66
焼き鳥缶の喜ばれるヘビロテサラダ
　　　　　　　　　　　　……… 102
焼きそばそうめん …………… 106

【 きゅうり 】
ツナときゅうりのめんごま和え …… 54
きゅうりとさんまの蒲焼き和え …… 104
ビビン麺 ………………… 110

【 じゃがいも・さつまいも 】
炊飯器で作る、にんにく塩肉じゃが
　　　　　　　　　　　　……… 44
シェパーズパイ …………… 79
ジャーマンスイートポテト ……… 81

【 春菊 】
春菊のジェノバソースパスタ …… 69
春菊の中華風にんにく炒め ……… 90

【 大根・にんじん・れんこん 】
納豆大根サラダ ………………… 27
にんじんドリア ………………… 76
れんこん海苔明太 ………………… 89

【 たけのこの水煮 】
たけのこキムチ ………………… 24

【 玉ねぎ 】
コンビーフいり豆腐 …………… 28
チキンのみそトマト煮込み ……… 36
韓国風プルコギ …………… 50
えのきのアラビアータ …………… 62
なめこの卵とじ …………… 63
シェパーズパイ …………… 79
ストラパッツァータ …………… 95
豚肉のビール煮 …………… 97
特製無添加インドカレー ……… 101
さば缶の中華風マリネ …………… 102
さばのトマトマリネ …………… 103
担々油そば …………… 109
鉄板ナポリタン …………… 112
豆乳マッシュルームスープ ……… 122
レンジブルショット …………… 122

【 トマト 】
トマトよだれ鶏 …………… 33
のん兵衛サラダ …………… 52
パンサラダ …………… 83
さばのトマトマリネ …………… 103
BLTそば …………… 107

【 長ねぎ 】
しらたきと豚のすき焼き炒め ……… 30
鶏胸チリ …………… 34
炊飯器で作る、にんにく塩肉じゃが
　　　　　　　　　　　　……… 44
ネギトロなめろう …………… 53
ぶりねぎま …………… 88
レンジさば缶麻婆 …………… 103
納豆オム焼きそば …………… 111
酢醤油チャーハン …………… 116

【 なす 】
なすのデミチーズ焼き …………… 70
なすのピカタ …………… 72
なすのツナマヨミルフィーユ ……… 73

【 にんにく・にら 】
鶏胸肉の冷しゃぶ にらポンだれ
　　　　　　　　　　　　……… 22
炊飯器で作る、にんにく塩肉じゃが
　　　　　　　　　　　　……… 44
ステーキのガーリック
　　クリームソースがけ ……… 51
かぼちゃとひき肉のガリバタ炒め
　　　　　　　　　　　　……… 81
にらチヂミ …………… 82
さんまのアヒージョ …………… 86
春菊の中華風にんにく炒め ……… 90
特製無添加インドカレー
　　　　　　　　　　　　……… 101

【 白菜 】
無水油鍋 …………… 15
ピリ辛白菜しらすサラダ ………… 53

【 ブロッコリー 】
ブロッコリーのレンジタルタル …… 59

【 ブロッコリースプラウト 】
チョレギブロッコリースプラウト
　　　　　　　　　　　　……… 75

【 ほうれん草・ピーマン 】
無水常夜蒸し …………… 57
ほうれん草のビスマルク風 ……… 58
鉄板ナポリタン …………… 112
塩鮭の豆乳シチュー …………… 121

【 三つ葉・みょうが・大葉 】
梅しそクリームチーズ磯辺 ……… 52
しいたけと三つ葉の
　　バターしょうゆ炒め …………… 65
みょうがの生ハム巻きカルパッチョ
　　　　　　　　　　　　……… 74

【 もやし 】
無限もやし炒め …………… 20

よだれ鶏 ……………………… 33
とんこつ風豚もやしスープ …… 123

【レタス】
納豆腐サラダ …………………… 27
鶏とレタスの洋風鍋 …………… 38
のん兵衛サラダ ………………… 52
パンサラダ ……………………… 83
BLTそば ……………………… 107

【れんこん】
れんこん海苔明太 ……………… 89

きのこ類

えのきのアラビアータ ………… 62
丸ごとエリンギのピクルス …… 63
なめこの卵とじ ………………… 63
しいたけのコンビーフ詰め …… 65
しいたけと三つ葉の
　バターしょうゆ炒め ………… 65
ポーチ・ド・シャンピニオン … 95
きのこと塩辛の豆乳クリーム煮 … 98
豆乳マッシュルームスープ …… 122

卵・温泉卵

しらたきと豚のすき焼き炒め … 30
揚げない和風チキン南蛮 ……… 41
みそ角煮 ………………………… 43
ほうれん草のビスマルク風(温泉卵)
　…………………………………… 58
ブロッコリーのレンジタルタル
　…………………………………… 59
海老のアボカドタルタル添え … 61
なめこの卵とじ ………………… 63
キャベタマの中華風 …………… 66
なすのピカタ …………………… 72
にらチヂミ ……………………… 82

明石焼き風オムレツ …………… 92
ストラパッツァータ …………… 95
ポーチ・ド・シャンピニオン(温泉卵)
　…………………………………… 95
塩辛スンドゥブ ………………… 98
牛釜玉うどん …………………… 108
濃厚明太子カルボナーラ ……… 109
ビビン麺 ………………………… 110
納豆オム焼きそば ……………… 111
鉄板ナポリタン ………………… 112
せん切りハムのTKG ………… 115
酢醤油チャーハン ……………… 116
卵サンラータン ………………… 123

大豆加工品・しらたきなど

【厚揚げ・油揚げ】
厚揚げの黒こしょうソース …… 23
油揚げブリトー風 ……………… 25

【豆腐】
納豆腐サラダ …………………… 27
キムチいり豆腐 ………………… 28
コンビーフいり豆腐 …………… 28
塩辛スンドゥブ ………………… 98
レンジさば缶麻婆 ……………… 103

【豆乳】
きのこと塩辛の豆乳クリーム煮 … 98
豆乳茶漬け ……………………… 115
塩鮭の豆乳シチュー …………… 121
豆乳マッシュルームスープ …… 122

【納豆】
納豆大根サラダ ………………… 27
納豆腐サラダ …………………… 27
納豆オム焼きそば ……………… 111

【しらたき】
しらたきと豚のすき焼き炒め …… 30

牛乳・乳製品

【牛乳】
ステーキのガーリック
　クリームソースがけ ………… 51
とんこつ風豚もやしスープ …… 123

【クリームチーズ】
桃とクリームチーズのカルパッチョ
　…………………………………… 17
梅しそクリームチーズ磯辺 …… 52

【スライス・ピザ用チーズ】
油揚げブリトー風 ……………… 25
なすのデミチーズ焼き ………… 70
にんじんドリア ………………… 76
さんま蒲焼き缶の七味マヨグラタン
　…………………………………… 104
カップスープパングラタン …… 118

【ヨーグルト】
2種のソースで楽しむステーキ … 49

ごはん・麺

【ごはん】
特製無添加インドカレー ……… 101
豆乳茶漬け ……………………… 115
せん切りハムのTKG ………… 115
酢醤油チャーハン ……………… 116
チキンアドボ …………………… 117

【食パン】
パンサラダ ……………………… 83
きのこと塩辛の豆乳クリーム煮 … 98
カップスープパングラタン …… 118

食材別さくいん

【そうめん・日本そば・冷凍うどん】
焼きそばそうめん ……………… 106
BLTそば ……………………… 107
牛釜玉うどん …………………… 108
ピビン麺 ………………………… 110

【パスタ】
春菊のジェノバソースパスタ …… 69
濃厚明太子カルボナーラ ……… 109
鉄板ナポリタン ………………… 112

【焼きそば麺】
担々油そば ……………………… 109
納豆オム焼きそば ……………… 111

缶詰

【コンビーフ缶】
コンビーフいり豆腐 ……………… 28
しいたけのコンビーフ詰め ……… 65

【さば水煮缶】
さば缶の中華風マリネ ………… 102
さばのトマトマリネ …………… 103
レンジさば缶麻婆 ……………… 103

【さんまの蒲焼き缶】
さんま蒲焼き缶の七味マヨグラタン
………………………………… 104
きゅうりとさんまの蒲焼き和え
………………………………… 104

【ツナ缶】
無限もやし炒め ………………… 20
ツナときゅうりのめんごま和え …… 54
アボカドからしツナマヨソース
…………………………………… 61
なすのツナマヨミルフィーユ …… 73
ツナ缶のアヒージョ …………… 104

【トマト缶】
チキンのみそトマト煮込み ……… 36
えのきのアラビアータ …………… 62
ストラパッツァータ ……………… 95
特製無添加インドカレー ……… 101

【焼き鳥缶】
焼き鳥缶の喜ばれるヘビロテサラダ
………………………………… 102

酒

【白ワイン・ウオッカ】
バナナのにごりサングリア ……… 84
レンジブルショット …………… 122

【日本酒・ビール】
鶏の酔いどれ蒸し ……………… 12
キャベツとしらすの酒蒸し ……… 66
白だし熱燗 ……………………… 84
豚肉のビール煮 ………………… 97

その他

【梅干し】
梅しそクリームチーズ磯辺 ……… 52

【カップスープのもと】
カップスープパングラタン …… 118

【キムチ】
たけのこキムチ ………………… 24
キムチいり豆腐 ………………… 28
塩辛スンドゥブ ………………… 98
ピビン麺 ………………………… 110

【漬け物（しば漬け）】
揚げない和風チキン南蛮 ……… 41

【トマトジュース】
シェパーズパイ ………………… 79

【ハヤシライスのルー】
なすのデミチーズ焼き …………… 70

【焼きのり】
梅しそクリームチーズ磯辺 ……… 52

● お弁当にもどうぞ！
白だし唐揚げ …………………… 19
厚揚げの黒こしょうソース ……… 23
よだれ鶏 ………………………… 33
トマトよだれ鶏 ………………… 33
鶏胸チリ ………………………… 34
バーベキューチキン …………… 35
チキンのみそトマト煮込み ……… 36
チキンチャップ ………………… 39
揚げない和風チキン南蛮 ……… 41
みそ角煮 ………………………… 43
炊飯器で作る、にんにく塩肉じゃが
…………………………………… 44
豚の蒲焼き ……………………… 46
唐辛子みそ豚 …………………… 47
ブロッコリーのレンジタルタル
…………………………………… 59
しいたけのコンビーフ詰め ……… 65
しいたけと三つ葉の
　バターしょうゆ炒め …………… 65
キャベタマの中華風 …………… 66
オクラのオーブン焼き …………… 77
ジャーマンスイートポテト ……… 81
かぼちゃとひき肉のガリバタ炒め
…………………………………… 81
れんこん海苔明太 ……………… 89
さきいかの韓国風炒め ………… 91
豚肉のビール煮 ………………… 97
チキンアドボ …………………… 117

PROFILE

リュウジ

1986年千葉生まれ、千葉在住の料理研究家。「今日食べたいものを今日作る！」をコンセプトに、Twitterで日々発信するレシピが大人気。雑誌、サイトへのレシピ提供等で活躍。TV出演歴多数。飲めるレシピ開発は得意中の得意。Twitterフォロワー数は159万人超え（2020年9月現在）。

Twitter　　@ore825
Instagram　@ryuji_foodlabo

STAFF

撮影／佐山裕子（主婦の友社）
スタイリング／本郷由紀子
料理アシスタント／岡本春香
アートディレクション／川村哲司（atmosphere ltd.）
デザイン／吉田香織（atmosphere ltd.）
編集アシスタント／安念知咲
編集担当／澤藤さやか（主婦の友社）

つまみメシ

2019年 9月30日　第1刷発行
2020年11月10日　第9刷発行

著　者　　リュウジ
発行者　　平野健一
発行所　　株式会社 主婦の友社
　　　　　〒141-0021　東京都品川区
　　　　　上大崎3-1-1　目黒セントラルスクエア
　　　　　電話　03-5280-7537（編集）
　　　　　　　　03-5280-7551（販売）
印刷所　　大日本印刷株式会社

©Ryuji 2019 Printed in Japan
ISBN978-4-07-438512-6

R〈日本複製権センター委託出版物〉
本書を無断で複写複製（電子化を含む）することは、著作権法上の例外を除き、禁じられています。本書をコピーされる場合は、事前に公益社団法人日本複製権センター（JRRC）の許諾を受けてください。また本書を代行業者等の第三者に依頼してスキャンやデジタル化することは、たとえ個人や家庭内での利用であっても一切認められておりません。
JRRC〈https://jrrc.or.jp
eメール:jrrc_info@jrrc.or.jp 電話:03-3401-2382〉

●本書の内容に関するお問い合わせ、また、印刷・製本など製造上の不良がございましたら、主婦の友社（電話03-5280-7537）にご連絡ください。
●主婦の友社が発行する書籍・ムックのご注文は、お近くの書店か主婦の友社コールセンター（電話0120-916-892）まで。
＊お問い合わせ受付時間　月〜金（祝日を除く）9:30〜17:30
主婦の友社ホームページ　https://shufunotomo.co.jp/